매일 위대해지는 글쓰기

씀

저자 최승한

경인교육대학교 국어교육과를 졸업하고, 서울교육대학교에서 국어교육 석사 학위를 받았습니다. 서울 창림초등학교와 운현초등학교 교사로 있었으며, 서울교육대학교 초등국어교육연구소와 한국교과서연구재단의 연구원을 지냈습니다. 2009 개정 교육과정과 2015 개정 교육과정 초등학교 국어 교과서를 집필하였고, 2022 개정 교육과정 국어 교과서 집필에 참여했습니다. 또, 유치원, 초등학교, 도서관에서 학부모를 대상으로 한글 및 독서·논술 교육 강사로 활동하고 있습니다.

지은 책으로 『미리 보고 개념 잡는 초등 독서감상문 쓰기』, 『안중근: 이야기 교과서 인물』, 『한글을 깨치는 비법 한깨비 한글 공부 1~5』, 『초등 글쓰기 무작정 따라하기: 첫걸음 편』, 『책 읽어주기의 힘』 등이 있습니다.

- 블로그: https://blog.naver.com/tomatovirus1
- 이메일: tomatovirus@hanmail.net

매일 위대해지는 글쓰기
씀 초등 2단계

초판 1쇄 인쇄 2023년 10월 4일
초판 1쇄 발행 2023년 10월 13일

지은이 최승한
발행인 박효상 | **편집장** 김현 | **기획·편집** 장경희, 김효정
디자인 임정현 | **마케팅** 이태호, 이전희 | **관리** 김태옥
교정·교열 진행 박나리 | **내지 디자인** 페이지트리 | **삽화** 권석란

종이 월드페이퍼 | **인쇄·제본** 예람인쇄·바인딩 | **출판등록** 제10-1835호
펴낸 곳 사람in | **주소** 04034 서울시 마포구 양화로11길 14-10(서교동) 3F
전화 02) 338-3555(代) **팩스** 02) 338-3545 | **E-mail** saramin@netsgo.com
Website www.saramin.com

책값은 뒤표지에 있습니다.
파본은 바꾸어 드립니다.
ⓒ 최승한 2023

ISBN 979-11-7101-012-7 64710
　　　979-11-7101-010-3 (set)

어린이제품안전특별법에 의한 제품표시

제조자명 사람in	**전화번호** 02-338-3555
제조국명 대한민국	**주　소** 서울시 마포구 양화로
사용연령 5세 이상 어린이 제품	11길 14-10 3층

우아한 지적만보, 기민한 실사구시 **사람in**

매일 위대해지는 글쓰기

초등 2 단계

쓰
ㅁ

최승한 지음

사람in
saramin.com

머리말

"책은 잘 읽는데 글을 제대로 못 써요. 글쓰기가 너무 어려운 것 같아요. 글을 잘 쓰려면 어떻게 해야 할까요?"

많은 아이가 글쓰기를 어려워합니다. 공부를 잘하는 아이도 글은 제대로 쓰기 어렵다며 볼멘소리를 냅니다. 왜일까요? 왜 이렇게 글쓰기가 어려울까요? 이유는 당연합니다. '듣기·말하기·읽기·쓰기' 가운데 쓰기를 가장 늦게 배우고 배울 시간도 다른 영역에 비해 현저히 부족하기 때문입니다.

아이는 배 속에 있을 때부터 부모의 말을 듣습니다. 또, 많은 부모가 아이에게 책을 읽어 줌으로써 아이는 읽기를 시작합니다. 하지만 쓰기는 그렇지 않습니다. 쓰기는 일단 어느 정도 아이의 성장이 이루어진 다음에야 시작됩니다. 아이가 연필을 잡을 힘이 있어야 하고, 글자를 또박또박 쓰려면 미세한 근육 발달이 이루어져야 합니다. 낱자, 낱말, 구, 절, 문장, 문단, 글까지 쓰는 과정은 꽤 오랜 시간이 걸립니다.

하지만 많은 부모가 '아이가 말을 하는 만큼만 글을 쓰면 될 것 같은데'라는 생각을 합니다. 배운 시간이 부족하기 때문에 못하는 게 당연한데 '말'처럼 잘 하라는 부모의 생각은 이치에 닿지 않습니다. 말과 쓰기는 다르기 때문입니다.

쓰기는 듣기·말하기·읽기처럼 시간과 노력이 필요한 학문입니다. 보통 쓰기를 시작하는 나이는 '빠르면 5·6세, 늦으면 8세 정도'입니다. 아이가 쓰기를 시작할 때 보통 6~7년의 시간 동안 듣기, 말하기, 읽기를 이미 연습했다고 보면 됩니다. 그러므로 쓰기에 어느 정도 실력이 쌓이려면 듣기, 말하기, 읽기를 한 시간만큼, 아니 그보다 더 오랜 시간 연습이 필요합니다.

이 교재는 아이가 쓰기를 꾸준히 연습하도록 만들어졌습니다.

요즘 '아이가 매일 글을 쓸 수 있도록 돕는 책'이 많이 나왔습니다. 하지만 글쓰기도 체계적인 연습이 필요합니다. 글쓰기의 체계를 배우며 꾸준히 쓴다면 더 빠른 쓰기 능력의 성장이 가능합니다.

이 책을 매일 2쪽에서 4쪽씩 꾸준히 연습하고, 글쓰기의 재미를 알아 가다 보면 우리가 흔히 말하는 어떤 장르의 글이든 쓸 수 있는 실력을 갖출 수 있습니다. 이 책을 통해 쓰기의 기초를 잡고 올바르고 재미있는 쓰기를 해 나가기 바랍니다.

최승한

차례

머리말   4
구성 및 특징   8
학습 체크   9

1단원 한 문장 쓰기

01 낱말 바꾸어서 재미있는 문장 만들기 (1)   12
02 낱말 바꾸어서 재미있는 문장 만들기 (2)   14
03 꾸밈말을 넣어 신나는 문장 만들기 (1)   16
04 꾸밈말을 넣어 신나는 문장 만들기 (2)   18
05 상황에 어울리는 문장 만들기   20
06 오감으로 표현하기(시각, 청각)   22
07 오감으로 표현하기(후각, 미각, 촉각)   24
08 오감을 활용한 문장 만들기   26

2단원 두 문장 쓰기

01 이어 주는 말 연결하여 쓰기 (1)   30
02 이어 주는 말 연결하여 쓰기 (2)   32
03 사실과 의견으로 쓰기   34
04 예를 들어 쓰기   36
05 빗대어 쓰기   38
06 비교·대조하여 쓰기   40
07 원인과 결과로 쓰기   42
08 다음에 일어난 일 쓰기   44
09 전체와 부분으로 쓰기   46
10 문제와 해결로 쓰기   48

3단원 원고지 쓰기

01 큰따옴표, 작은따옴표 알기   52
02 큰따옴표, 작은따옴표 쓰기   54
03 제목, 소속, 이름 쓰기   56
04 원고지 규칙 정리·문장 필사하기   58

4단원 세 문장 쓰기(문단 쓰기)

01 문단이란?   64
02 운동   66
03 소망 목록   68

04	휴일에 가고 싶은 곳	70
05	음식	72
06	바다에서 하는 일	74
07	직업	76
08	놀이	78
09	곤충	80
10	재미있게 읽은 책	82
11	영화	84
12	꿈	86
13	시장에서 파는 물건	88

5단원 장르 및 목적에 따라 글쓰기 (1)

01	칭찬 쪽지 쓰기	92
02	일기 글감 찾기	96
03	일기 쓰기(생각, 느낌 쓰기)	98
04	편지 종류	102
05	마음을 전하는 편지 쓰기	104
06	생활문 쓰기	108

6단원 장르 및 목적에 따라 글쓰기 (2)

01	설명하는 글 알기	114
02	설명하는 글 쓰기	116
03	그림 보고 설명하기	118
04	주변 물건 소개하기	122
05	설득하는 글 알기	126
06	설득하는 글 쓰기	128
07	자기 의견 나타내기	130

7단원 여러 가지 글 익히기

01	브레인스토밍	138
02	그림 그리기	140
03	마인드맵 그리기	142
04	독서 감상문(인물 마음 생각하기)	144
05	독서 감상문(줄거리)	148
06	곱셈 구구로 된 문제 만들기	152
07	세계 여러 나라 특징 소개하기	156

답안 가이드 161

구성 및 특징

✏️ 이 책은 이렇게

〈매일 위대해지는 글쓰기 씀〉을 통해 글쓰기의 기초를 차근차근 알고 단계별로 여러 종류의 글쓰기를 해 볼 수 있습니다.

이것을 배워요!

해당 단원에서 어떤 내용을 배우는지 간단히 정리해 줍니다.

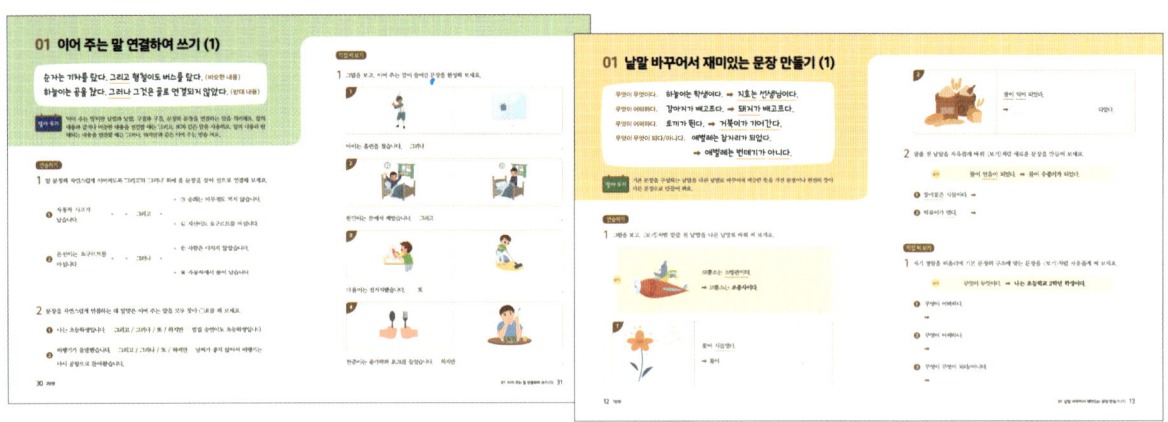

본격 글쓰기 연습

낱말부터 문장과 문단까지 다양한 종류의 글쓰기를 '연습하기'와 '직접 써 보기' 코너를 통해 차근차근 연습합니다.

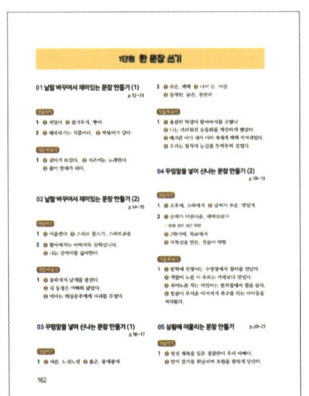

답안 가이드

문제의 정답과 예시 답안을 제공합니다. 부모님이 지도할 때 참고할 내용도 함께 실었습니다.

학습 체크

 오늘은 여기까지

매일매일 꾸준히 공부한 날짜를 표시하면서 한 권을 제대로 끝내 보세요!

1단원		
유닛	날짜	확인
01	___월 ___일	
02	___월 ___일	
03	___월 ___일	
04	___월 ___일	
05	___월 ___일	
06	___월 ___일	
07	___월 ___일	
08	___월 ___일	

2단원		
유닛	날짜	확인
01	___월 ___일	
02	___월 ___일	
03	___월 ___일	
04	___월 ___일	
05	___월 ___일	
06	___월 ___일	
07	___월 ___일	
08	___월 ___일	
09	___월 ___일	
10	___월 ___일	

3단원		
유닛	날짜	확인
01	___월 ___일	
02	___월 ___일	
03	___월 ___일	
04	___월 ___일	

4단원		
유닛	날짜	확인
01	___월 ___일	
02	___월 ___일	
03	___월 ___일	
04	___월 ___일	
05	___월 ___일	
06	___월 ___일	
07	___월 ___일	
08	___월 ___일	
09	___월 ___일	
10	___월 ___일	
11	___월 ___일	
12	___월 ___일	
13	___월 ___일	

5단원		
유닛	날짜	확인
01	___월 ___일	

02	___월 ___일	
03	___월 ___일	
04	___월 ___일	
05	___월 ___일	
06	___월 ___일	

6단원		
유닛	날짜	확인
01	___월 ___일	
02	___월 ___일	
03	___월 ___일	
04	___월 ___일	
05	___월 ___일	
06	___월 ___일	
07	___월 ___일	

7단원		
유닛	날짜	확인
01	___월 ___일	
02	___월 ___일	
03	___월 ___일	
04	___월 ___일	
05	___월 ___일	
06	___월 ___일	
07	___월 ___일	

1단원

한 문장 쓰기

이것을 배워요!

여러 가지 기본 문장(한 문장 만들기)을 복습하고, 낱말을 바꾸거나 꾸밈말을 첨가하여 문장을 쓰는 과정의 즐거움을 느껴 보려고 해요. 거기에 더해서 감각 기관(눈, 귀, 코, 입, 손)을 통해 들어오는 정보를 문장으로 표현하는 활동도 할 거예요. 또, 여러 가지 생각을 바탕으로 새로운 문장을 쓰는 경험을 해 봐요.

01 낱말 바꾸어서 재미있는 문장 만들기 (1)

무엇이 무엇이다.　　하늘이는 학생이다. ➡ 지호는 선생님이다.

무엇이 어떠하다.　　강아지가 배고프다. ➡ 돼지가 배고프다.

무엇이 어찌하다.　　토끼가 뛴다. ➡ 거북이가 기어간다.

무엇이 무엇이 되다/아니다.　　애벌레는 잠자리가 되었다.
　　　　　　　　　　➡ 애벌레는 번데기가 아니다.

알아 두기 기본 문장을 구성하는 낱말을 다른 낱말로 바꾸어서 비슷한 뜻을 가진 문장이나 완전히 뜻이 다른 문장으로 만들어 봐요.

연습하기

1 그림을 보고, 〈보기〉처럼 밑줄 친 낱말을 다른 낱말로 바꿔 써 보세요.

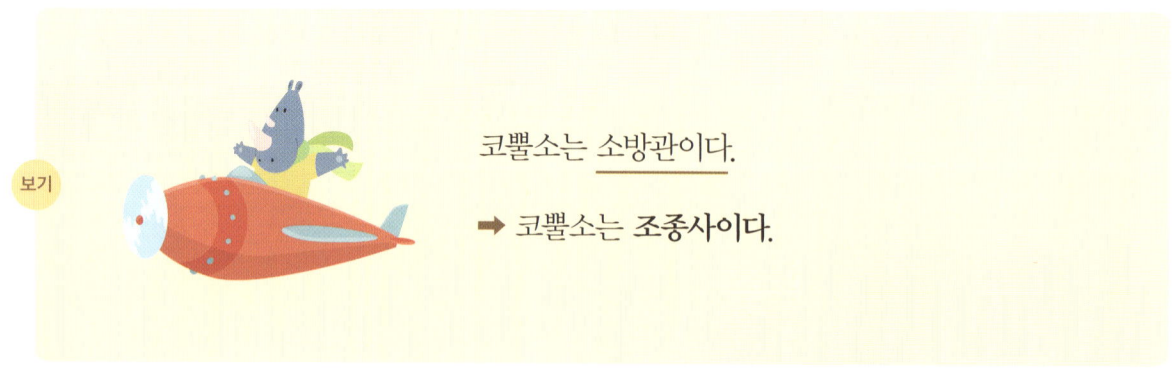

보기
코뿔소는 소방관이다.
➡ 코뿔소는 조종사이다.

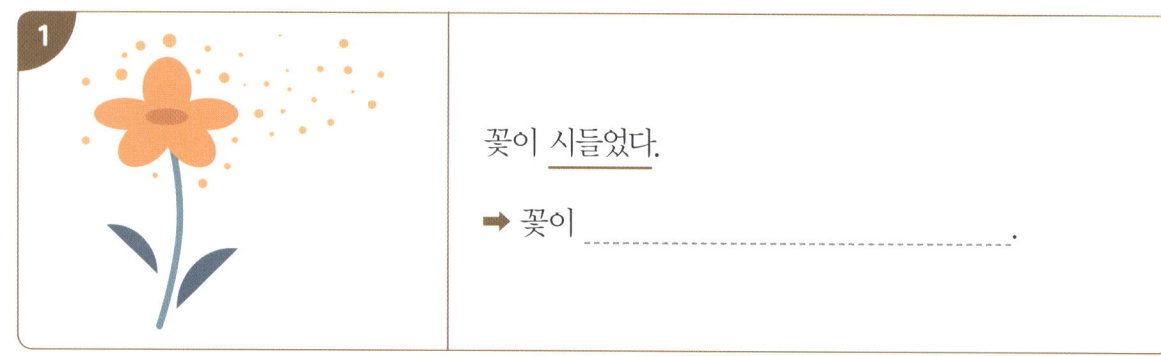

1
꽃이 시들었다.
➡ 꽃이 _____.

2	쌀이 떡이 되었다.
	➡ _____ 되었다.

2 밑줄 친 낱말을 자유롭게 바꿔 〈보기〉처럼 새로운 문장을 만들어 보세요.

> 보기   물이 <u>얼음</u>이 되었다. ➡ 물이 **수증기**가 되었다.

❶ 장미꽃은 식물이다. ➡ _____

❷ 떡볶이가 맵다. ➡ _____

직접 써 보기

1 자기 경험을 떠올리며 기본 문장의 구조에 맞는 문장을 〈보기〉처럼 자유롭게 써 보세요.

> 보기   무엇이 무엇이다. ➡ **나는 초등학교 2학년 학생이다.**

❶ 무엇이 어떠하다.

➡ _____

❷ 무엇이 어찌하다.

➡ _____

❸ 무엇이 무엇이 되다/아니다.

➡ _____

02 낱말 바꾸어서 재미있는 문장 만들기 (2)

무엇이 무엇과 어떠하다/어찌하다.
사이다는 콜라와 비슷하다. ➡ 사이다는 환타와 비슷하다.

무엇이 무엇을 어찌하다. 사자가 돈을 빌리다. ➡ 사자가 책을 빌리다.

무엇이 무엇에(게) 무엇을 어찌하다. 김선달이 양반에게 대동강 물을 팔다.
➡ 심청이가 공양미 삼백 석에 자기 몸을 팔다.

알아 두기 기본 문장은 문장이 간단하기 때문에 읽는 사람이 문장의 뜻을 명확히 이해할 수 있어요. 기본 문장만으로도 좋은 글을 쓸 수 있어요.

연습하기

1 그림을 보고, 〈보기〉처럼 밑줄 친 낱말을 다른 낱말로 바꿔 써 보세요.

보기
아빠가 안경을 썼다.
➡ 아빠가 선글라스를 썼다.

1
바이올린은 첼로와 다르다.
➡ 바이올린은 첼로와 _____.

❷

빌게이츠는 윈도우를 개발했다.

➡ _____ 개발했다.

2 밑줄 친 낱말을 자유롭게 바꿔 〈보기〉처럼 새로운 문장을 만들어 보세요.

> 보기   철수가 <u>가방</u>에 <u>교과서를</u> 넣었다. ➡ 철수가 **신발장에 운동화를** 넣었다.

❶ 할아버지는 <u>할머니와</u> 친하십니다. ➡ _____

❷ 나는 <u>야구를</u> 좋아한다. ➡ _____

직접 써 보기

1 자기 경험을 떠올리며 기본 문장의 구조에 맞는 문장을 〈보기〉처럼 자유롭게 써 보세요.

> 보기   무엇이 무엇을 어찌하다. ➡ **독수리가 먹잇감을 놓쳤다.**

❶ 무엇이 무엇을 어찌하다.

➡ _____

❷ 무엇이 무엇과 어찌하다/어떠하다.

➡ _____

❸ 무엇이 무엇에(게) 무엇을 어찌하다.

➡ _____

03 꾸밈말을 넣어 신나는 문장 만들기 (1)

'어떤'으로 꾸밈   하늘이는 학생이다. ➡ <u>예쁜</u> 하늘이는 <u>성실한</u> 학생이다.

'어떻게'로 꾸밈   강아지는 배고프다. ➡ 강아지는 <u>벌써</u> 배고프다.

'소리를 흉내 내는 말'로 꾸밈   종이 울린다. ➡ 종이 <u>딸랑딸랑</u> 울린다.

'모양을 흉내 내는 말'로 꾸밈   토끼가 뛴다. ➡ 토끼가 <u>깡충깡충</u> 뛴다.

알아 두기 꾸밈말을 넣으면 문장을 재미있고 구체적으로 표현할 수 있어요.

연습하기

1 그림을 보고, 문장의 빈칸에 알맞은 꾸밈말을 〈보기〉에서 골라 써 보세요.

보기   붉은, 느릿느릿, 깨끗하게, 마른, 뭉게뭉게, 굵은, 깔끔한, 후드득

마른   할아버지께서   걸어오신다.

구름이   피어 있다.

2 〈보기〉처럼 문장의 빈칸에 알맞은 꾸밈말을 자유롭게 써 보세요.

> 보기
> 오리가 걷는다.
> ➡ <u>뚱뚱한</u> 오리가 <u>빠르게</u> 걷는다.

❶ 참새가 운다. ➡ _____ 참새가 _____ 운다.

❷ 사자가 호랑이와 싸웠다. ➡ _____ 사자가 _____ 호랑이와 싸웠다.

❸ 아빠는 트럭을 운전한다.

➡ _____ 아빠는 _____ 트럭을 _____ 운전한다.

직접 써 보기

1 〈보기〉와 같이 주어진 꾸밈말을 사용해 재미있는 문장을 만들어 보세요.

> 보기 (멋진, 데굴데굴) ➡ <u>멋진</u> 가수가 배가 아프다며 <u>데굴데굴</u> 굴렀다.

❶ (용감한)

➡ _____

❷ (깨끗하게)

➡ _____

❸ (배고픈, 짹짹)

➡ _____

❹ (힘차게, 뚜벅뚜벅)

➡ _____

04 꾸밈말을 넣어 신나는 문장 만들기 (2)

'무엇보다/누구보다'로 꾸밈   번개는 빠르다. ➡ 번개는 <u>바람보다</u> 빠르다.

'언제, 어디에서'로 꾸밈   아빠가 웃는다. ➡ <u>휴일에</u> 아빠가 <u>소파 위에서</u> 웃는다.

'무엇이 어떠한'으로 꾸밈   종이 울린다. ➡ <u>모양이 둥근</u> 종이 울린다.

'무엇을 어찌한'으로 꾸밈   토끼가 뛴다. ➡ <u>당근을 먹은</u> 토끼가 뛴다.

알아 두기 낱말을 더하는 꾸밈말을 사용하면 자기 생각이나 느낌을 구체적이고 생생하게 표현할 수 있어요. 다양한 꾸밈말을 적절히 사용하려면 책을 많이 읽고, 꾸준히 문장 쓰는 연습을 하면 돼요.

연습하기

1 그림을 보고, 문장의 빈칸에 알맞은 꾸밈말을 〈보기〉에서 골라 써 보세요.

> **보기**   오후에, 의자보다, 날씨가 추운, 소파에서, 맛있게, 키득키득

승연이가   잠을 잔다.

겨울, 지민이가 아이스크림을   먹었다.

2 〈보기〉처럼 문장의 빈칸에 알맞은 꾸밈말을 자유롭게 써 보세요.

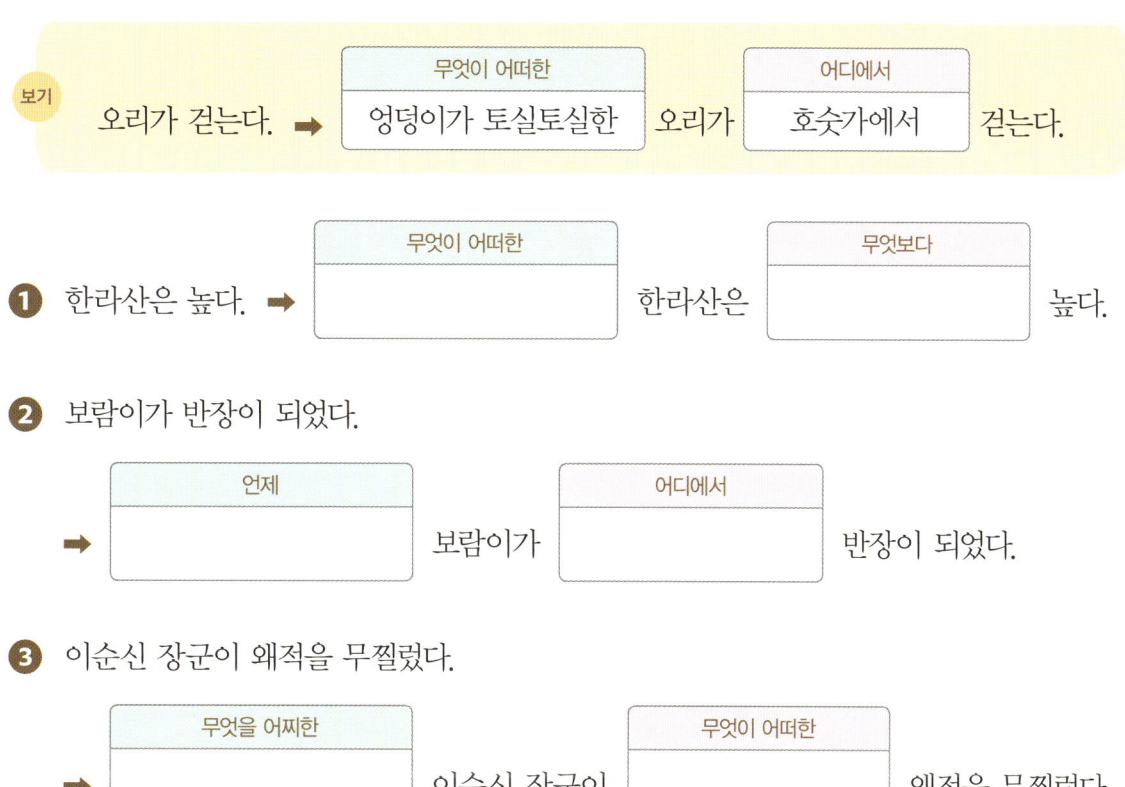

보기   오리가 걷는다. ➡ [무엇이 어떠한: 엉덩이가 토실토실한] 오리가 [어디에서: 호숫가에서] 걷는다.

❶ 한라산은 높다. ➡ [무엇이 어떠한:] 한라산은 [무엇보다:] 높다.

❷ 보람이가 반장이 되었다.
➡ [언제:] 보람이가 [어디에서:] 반장이 되었다.

❸ 이순신 장군이 왜적을 무찔렀다.
➡ [무엇을 어찌한:] 이순신 장군이 [무엇이 어떠한:] 왜적을 무찔렀다.

직접 써 보기

1 〈보기〉와 같이 주어진 꾸밈말을 사용해 재미있는 문장을 만들어 보세요.

보기   (집에서, 포도보다) ➡ <u>집에서</u> 현수는 <u>포도보다</u> 맛있는 딸기를 먹었다.

❶ (방학에, 수영장에서) ➡

❷ (색깔이 노란, 카레보다) ➡

❸ (피아노를 치는, 편의점에서) ➡

❹ (얼굴이 무서운, 축구를 하는) ➡

05 상황에 어울리는 문장 만들기

고운이가 병아리들을 관찰합니다.
→ 초등학생인 고운이가 모이를 먹고 있는 병아리들을 관찰합니다.

알아 두기 기본 문장으로 쓰면 문장이 단순해서 읽는 사람이 문장을 명확히 이해할 수 있어요. 반면에 기본 문장에 여러 가지 꾸밈말을 더하면 상황을 자세히 설명할 수는 있지만 문장이 복잡해져요. 그러므로 문장을 쓸 때 꾸밈말은 되도록 필요한 곳에 적절하게 사용해요.

연습하기

1 그림을 보고, 주어진 꾸밈말을 사용해 상황에 어울리는 문장을 만들어 보세요.

우리 아빠다. (멋진 제복을 입은)

→ 멋진 제복을 입은 경찰관이 우리 아빠다.

말이 초원을 달린다. (휘날리며, 힘차게)

→ _____

모닥불은 밝다. (성냥불보다, 타닥타닥)

→ _____

직접 써 보기

1 그림을 보고, 알맞은 꾸밈말을 넣어 〈보기〉처럼 문장을 만들어 보세요.

> **보기**   훈배가 나무를 끌어안고 쿵쿵대며 냄새를 맡습니다.

① _____ 아이들이 숲에서 _____ 놀고 있습니다.

② _____ 다람쥐가 나무 위를 _____ 올라갑니다.

③ _____

④ _____

06 오감으로 표현하기(시각, 청각)

아빠가 끓인 된장찌개에 하얀 두부가 동동 떠 있었다.
👁 **시각 표현** 눈에 보이는 것을 써요.

현우가 사탕을 깨물자, 우두둑 뼈가 부러지는 소리가 들렸다.
👂 **청각 표현** 귀에 들리는 소리를 써요.

알아 두기 오감이란 시각, 청각, 후각, 미각, 촉각을 이야기해요. '눈, 귀, 코, 혀, 피부'로 느끼는 감각을 '오감'이라 하지요. 이러한 오감을 통해 느껴진 자극을 문장으로 표현하다 보면 상상력을 넓혀 자기 생각을 더 잘 나타낼 수 있어요.

연습하기

1 문장을 읽고, '시각'과 '청각' 중 어떤 표현이 쓰였는지 빈칸에 써 보세요.

① 비가 오고, 빨주노초파남보 아름다운 무지개가 떴다. [시각]

② "철수야!" 선생님께서 나를 크게 부르셨다. [   ]

③ 엄마가 잘라 준 수박이 빨갛게 잘 익었다. [   ]

④ 빗방울이 처마에 부딪혀서 타닥타닥 소리를 냈다. [   ]

2 〈보기〉처럼 제시된 낱말을 활용해서 시각이나 청각을 나타낸 문장을 만들어 보세요.

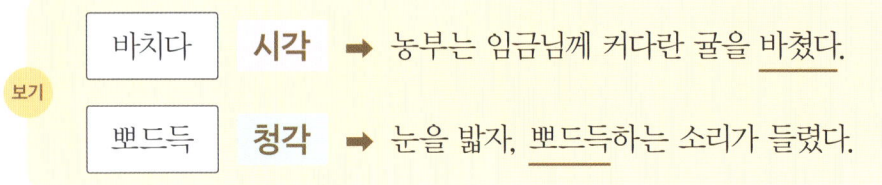

보기
| 바치다 | **시각** | ➡ 농부는 임금님께 커다란 귤을 바쳤다. |
| 뽀드득 | **청각** | ➡ 눈을 밟자, 뽀드득하는 소리가 들렸다. |

① [노란] **시각** ➡ _____

❷ 아름다운 청각 ➡ _____

❸ 표지판 시각 ➡ _____

❹ 드르렁 청각 ➡ _____

직접 써 보기

1 오늘 인상 깊게 보거나 들은 것을 표에 자유롭게 써 보세요.

본 것(시각)	들은 것(청각)
엄마가 손을 흔듦	

2 위의 표에 적은 것을 이용해 시각과 청각을 활용한 문장을 만들어 보세요.

❶ 시각 ➡ 저 멀리서 엄마가 나에게 손을 흔들었다.

❷ 청각 ➡ _____

❸ 시각 ➡ _____

❹ 청각 ➡ _____

07 오감으로 표현하기(후각, 미각, 촉각)

하나의 생일 파티에 나온 초코케이크에서 <u>달콤한 향이 났다</u>.
🌿 **후각 표현** 코에서 느껴지는 냄새를 써요.

점심때 먹은 수박은 <u>달고 시원했다</u>.
🍧 **미각 표현** 입에 들어온 음식에서 어떤 맛이 느껴지는지 써요.

엄마의 손길이 <u>솜사탕처럼 부드러웠다</u>.
✋ **촉각 표현** 피부에 닿은 물체에서 어떤 느낌이 나는지 써요.

연습하기

1 문장을 읽고, '후각'과 '미각', '촉각' 중 어떤 표현이 쓰였는지 빈칸에 써 보세요.

❶ 오늘 급식에 나온 김치가 너무 짰다.   [미각]

❷ 머리가 간지러워서 손으로 박박 긁었다.   [   ]

❸ 편의점에서 따뜻한 호빵을 샀다.   [   ]

❹ 장미꽃에서 향기로운 냄새가 났다.   [   ]

2 <보기>처럼 제시된 낱말을 활용해서 후각이나 미각, 촉각을 나타낸 문장을 만들어 보세요.

보기

된장 냄새	후각	→ 찌개가 지글지글 끓자, 집안이 <u>된장 냄새</u>로 가득했다.
구수한	미각	→ 나는 집에서 엄마가 끓여 준 <u>구수한</u> 보리차를 마셨다.
차갑다	촉각	→ 얼음을 넣은 음료수를 마시니 온몸이 <u>차가워졌다</u>.

❶ 구린내 후각 ➡ --

❷ 쓰다 미각 ➡ --

❸ 날카롭다 촉각 ➡ --

직접 써 보기

1 오늘 인상 깊게 냄새를 맡거나(코) 먹거나(입) 피부로 느낀 것을 표에 자유롭게 써 보세요.

맡은 냄새(후각)	맛(미각)	피부로 느낀 것(촉각)
고소한	맵다	시원하다

2 위의 표에 적은 것을 이용해 후각과 미각, 촉각을 활용한 문장을 만들어 보세요.

❶ 후각 ➡ 주방에서 고소한 참기름 냄새가 난다. ----------------

❷ 미각 ➡ --

❸ 촉각 ➡ --

❹ 후각 ➡ --

08 오감을 활용한 문장 만들기

연습하기

1 그림을 보고, 오감을 통해 시장에서 느낄 수 있는 생각을 〈보기〉처럼 문장으로 만들어 보세요.

보기　**촉각** ➡ 과일 가게에 있는 사과는 매끈하고 단단합니다.

❶ 시각 ➡ _____

❷ 청각 ➡ _____

❸ 후각 ➡ _____

❹ 미각 ➡ _____

❺ 촉각 ➡ _____

2 〈보기〉처럼 제시된 낱말을 활용해서 감각에 따라 문장을 만들어 보세요.

> 보기 콜라 미각 ➡ <u>콜라</u>를 마시면 달고 시원한 맛이 느껴진다.

❶ 강아지 시각 ➡ _____

❷ 비누 촉각 ➡ _____

❸ 오이 후각 ➡ _____

❹ 떡국 미각 ➡ _____

❺ 소방차 청각 ➡ _____

직접 써 보기

1 오늘 하루 가장 인상 깊었던 일을 떠올리고 거기서 오감을 통해 느꼈던 생각을 문장으로 써 보세요.

오늘 하루 가장 인상 깊었던 일
체육 시간,

오감	문장
시각	체육 시간에 공을 세게 찼다. 창문을 깨트리고 말았다.

> 잠깐만!! 일기 쓸 주제가 생각나지 않을 때는 오감을 통해 느꼈던 감정을 바탕으로 일기를 쓸 수 있어요.

2단원

두 문장 쓰기

이것을 배워요!

두 문장을 이어 쓰는 여러 가지 방법이 있어요. 사실과 의견으로 쓰기, 예를 들어 쓰기, 빗대어 쓰기, 원인과 결과로 쓰기 등 두 문장을 쓰는 다양한 기법이 있죠. 이번 단원에서는 두 문장 쓰기를 연습하고, 이어 주는 말을 활용해서 두 문장을 연결하는 법을 배워 볼 거예요.

01 이어 주는 말 연결하여 쓰기 (1)

> 순자는 기차를 탔다. <u>그리고</u> 형철이도 버스를 탔다. (비슷한 내용)
> 하늘이는 공을 찼다. <u>그러나</u> 그것은 골로 연결되지 않았다. (반대 내용)

알아 두기 '이어 주는 말'이란 낱말과 낱말, 구절과 구절, 문장과 문장을 연결하는 말을 의미해요. 앞의 내용과 같거나 비슷한 내용을 연결할 때는 '그리고, 또'와 같은 말을 사용하고, 앞의 내용과 반대되는 내용을 연결할 때는 '그러나, 하지만'과 같은 이어 주는 말을 써요.

연습하기

1 앞 문장과 자연스럽게 이어지도록 '그리고'와 '그러나' 뒤에 올 문장을 찾아 선으로 연결해 보세요.

① 자동차 사고가 났습니다. ― 그리고 ― ㉠ 승희는 아무것도 먹지 않습니다.
　　　　　　　　　　　　　　　　　 ㉡ 지선이도 요구르트를 마십니다.

② 은선이는 요구르트를 마십니다. ― 그러나 ― ㉢ 사람은 다치지 않았습니다.
　　　　　　　　　　　　　　　　　　　 ㉣ 자동차에서 불이 났습니다.

2 문장을 자연스럽게 연결하는 데 알맞은 이어 주는 말을 모두 찾아 ○표를 해 보세요.

① 나는 초등학생입니다.　　그리고 / 그러나 / 또 / 하지만　　옆집 승연이도 초등학생입니다.

② 비행기가 출발했습니다.　　그리고 / 그러나 / 또 / 하지만　　날씨가 좋지 않아서 비행기는 다시 공항으로 돌아왔습니다.

직접 써 보기

1 그림을 보고, 이어 주는 말이 들어간 문장을 완성해 보세요.

① 아이는 홈런을 쳤습니다. 그러나 _____.

② 한민이는 잠에서 깨었습니다. 그리고 _____.

③ 다율이는 설거지했습니다. 또 _____.

④ 한준이는 숟가락과 포크를 들었습니다. 하지만 _____.

02 이어 주는 말 연결하여 쓰기 (2)

현우는 시험을 잘 봤다. **왜냐하면** 공부를 열심히 했기 때문이다. (결과 - 원인)

아빠가 청소를 열심히 한다. **그런데** 엄마는 소파에서 TV만 본다. (다른 내용)

문을 두드려라. **그러면** 문이 열릴 것이다. (조건 - 결과)

알아 두기 문장의 성격에 따라 이어 주는 말이 달라져요. 원인과 결과로 연결할 때는 '그래서, 왜냐하면', 앞의 문장과 다른 내용을 연결할 때는 '그런데', 앞 문장이 뒤 문장의 조건이 되면 '그러면'을 써요.

연습하기

1 문장을 자연스럽게 연결하는 데 알맞은 이어 주는 말을 찾아 ○표를 해 보세요.

❶ 건이는 밥을 많이 먹었습니다.   그래서 / 왜냐하면 / 그런데 / 그러면   건이는 배가 통통해졌습니다.

❷ 민서는 책을 읽고 있습니다.   그래서 / 왜냐하면 / 그런데 / 그러면   동생이 시끄럽게 떠듭니다.

2 빈칸에 알맞은 문장을 〈보기〉에서 찾아 써 보세요.

보기
㉠ 축구를 하다가 넘어졌기 때문입니다   ㉡ 집안이 시원해질 것입니다
㉢ 냉장고에 먹을 것이 하나도 없습니다

❶ 예빈이는 에어컨을 틉니다. 그러면 _____.

❷ 원준이는 배가 고픕니다. 그런데 _____.

❸ 지은이는 무릎이 까졌습니다. 왜냐하면 _____.

직접 써 보기

1 그림을 보고, 이어 주는 말이 들어간 문장을 완성해 보세요.

성은이는 땀을 많이 흘렸습니다. 왜냐하면 _____.

나는 그 의견에 찬성했습니다. 그런데 _____.

유빈이는 빨래했습니다. 그래서 _____.

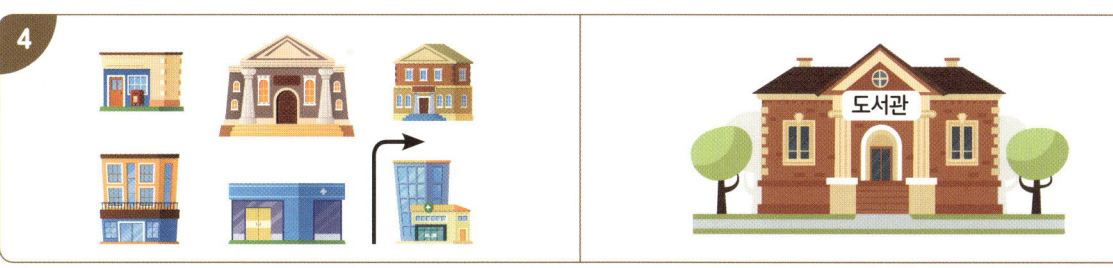

약국을 지나 오른쪽으로 가세요. 그러면 _____.

03 사실과 의견으로 쓰기

승아는 그림을 그리는 게 즐겁습니다. (의견)
그래서 승아는 미술 학원에 다니기로 했습니다. (사실)
➡ 승아는 그림을 그리는 게 즐거워서 미술 학원에 다니기로 했습니다.

알아 두기 사실이란 '본 것, 들은 것, 한 것'을 적은 문장을 말하고, 의견은 생각이나 느낌을 표현한 문장을 뜻해요. 사실과 의견을 나타내는 두 문장을 이어 주는 말로 연결해 한 문장으로 바꿔 나타낼 수도 있어요.

연습하기

1 문장을 읽고, 어떤 사실을 나타내는지 '본 것, 들은 것, 한 것' 중에서 골라 ○표를 해 보세요.

① 현욱이는 친구들과 공기놀이를 했다. 　　본 것 ｜ 들은 것 ｜ ㉠한 것

② 바람이 불자 방울토마토가 흔들렸다. 　　본 것 ｜ 들은 것 ｜ 한 것

③ 선생님께서 교실 규칙을 설명하셨다. 　　본 것 ｜ 들은 것 ｜ 한 것

2 그림을 보고, '의견'을 나타낸 문장을 찾아 ○표를 해 보세요.

①
㉠ 오토바이가 교통 규칙을 지키지 않았습니다. ☐
㉡ 오토바이 때문에 사고가 날까 봐 무서웠습니다. ☐

②
㉠ 친구들이 점심시간에 축구를 하고 있습니다. ☐
㉡ 세언이는 친구들에게 축구를 같이 하자고 말하고 싶습니다. ☐

직접 써 보기

1 이어 주는 말에 알맞은 '사실'이나 '의견'을 나타내는 문장을 〈보기〉처럼 만들어 보세요.

> 보기
> 유현이는 놀이공원에 갔습니다.
> **사실** 그리고 놀이공원에서 유현이는 신나게 놀았습니다.

① 여름날, 개미는 열심히 일했습니다.
의견 하지만 _____.

② 나윤이는 독서를 좋아합니다.
사실 그런데 _____.

③ 피아노를 꾸준히 10년 동안 연습해 보세요.
의견 그러면 _____.

④ 정우는 마음이 시커멓게 타들어 갔습니다.
사실 왜냐하면 _____.

⑤ 여름날, 개미는 열심히 일했습니다.
사실이나 의견 그래서 _____.

04 예를 들어 쓰기

카페에서 여러 가지 음료를 팝니다.
예를 들면, 커피, 우유, 과일주스, 차 등을 팝니다.
➡ 카페에서 커피, 우유, 과일주스, 차 등 여러 가지 음료를 팝니다.

알아 두기 예를 들어서 문장을 쓰면 대상을 구체적이고 자세히 설명할 수 있어요. '예를 들면'이라는 이어 주는 말을 이용해 쓰면 돼요.

연습하기

1 그림에 대해서 〈보기〉처럼 두 문장을 완성해 보세요.

보기

도서관에는 다양한 종류의 책이 있습니다.
예를 들면, 동화책, 과학책, 역사책 등이 있습니다.

1

편의점에서 다양한 음료수를 팝니다.
예를 들면, _____.

2

아빠와 나는 주말에 여러 가지 운동을 즐깁니다.
_____.

직접 써 보기

1 자신이 관심 있는 대상의 예를 조사하여 빈칸에 써 보세요.

대상	예
차	트럭, 스포츠카, 경차
친한 친구	새슬, 단유, 가은, 시연, 명진, 정우, 승민

2 위의 내용을 바탕으로 〈보기〉처럼 예를 들어 설명하는 두 문장을 쓰고, 이 문장들을 한 문장으로 줄여 보세요.

보기
차는 다양한 종류가 있습니다.
예를 들면, 트럭, 스포츠카, 경차 등이 있습니다.
➡ 차는 트럭, 스포츠카, 경차 등 다양한 종류가 있습니다.

❶
나는 친한 친구들이 많습니다.
예를 들면, 새슬이, 단유, 가은이, 시연이 등이 있습니다.
➡

❷
➡

05 빗대어 쓰기

바닥에 단풍잎이 떨어져 있습니다. 단풍잎은 노을처럼 붉습니다.
➡ 바닥에 노을처럼 붉은 단풍잎이 떨어져 있습니다.

알아 두기 대상을 '성질, 모양, 색깔'이 비슷한 '다른 대상'에 빗대어 표현할 수 있어요. 이때 '~처럼'이나 '~같이' 등의 표현을 사용하는 경우가 많아요.

연습하기

1 〈보기〉처럼 주어진 그림을 보고 떠오르는 것을 쓰고, 빗대어 쓰는 문장을 완성해 보세요.

보기

엄마가 출장 갔다가 집으로 돌아왔습니다.
엄마는 밤하늘의 별처럼 아름답습니다.
별, 꽃, 노을

❶
독수리,

제주도에 가려고 김포공항에 왔습니다.
비행기는 _____ 멋진 날개를 가지고 있었습니다.

❷

민서는 미용실에서 파마를 했습니다.
_____

직접 써 보기

1 자신이 빗대어 표현하고 싶은 대상을 쓰고, 그것과 닮거나 비슷한 것을 빈칸에 써 보세요.

대상	닮거나 비슷한 것
콜라	에어컨(시원하다), 사이다(톡 쏜다)
잠바	솜사탕(푸근하다), 난로(따뜻하다)

2 위의 내용을 바탕으로 〈보기〉처럼 빗대어 설명하는 두 문장을 쓰고, 이 문장들을 한 문장으로 줄여 보세요.

> 보기
> 무더운 여름에 나는 콜라를 마셨습니다.
> 콜라는 에어컨처럼 시원했습니다.
> ➡ 무더운 여름에 나는 에어컨처럼 시원한 콜라를 마셨습니다.

❶ 바람이 부는 추운 겨울날, 승희는 두꺼운 잠바를 입었습니다.
　 잠바는 솜사탕같이 푸근했습니다.
　 ➡

❷
　 ➡

06 비교·대조하여 쓰기

개구리는 겨울잠을 잡니다. 그리고 곰도 겨울잠을 잡니다. (비교)
→ 개구리와 곰은 모두 겨울잠을 잡니다.

개구리는 털이 없습니다. 하지만 곰은 털이 많습니다. (대조)
→ 개구리는 털이 없지만 곰은 털이 많습니다.

알아 두기 두 대상의 공통점을 설명하는 것을 '비교', 차이점을 설명하는 것을 '대조'라고 해요. '비교'할 때는 이어 주는 말 '그리고, 또'가 들어가고, '대조'할 때는 이어 주는 말 '그러나, 하지만'이 들어가요.

연습하기

1 〈보기〉처럼 주어진 그림의 공통점과 차이점을 비교·대조하는 문장으로 써 보세요.

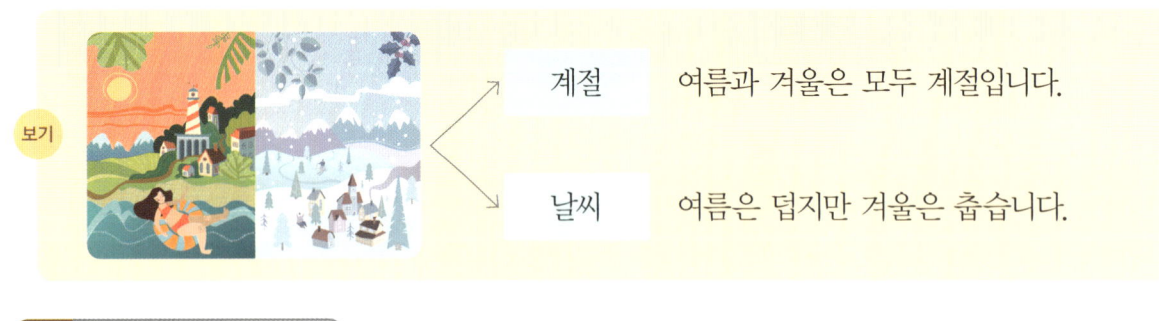

보기

계절 — 여름과 겨울은 모두 계절입니다.
날씨 — 여름은 덥지만 겨울은 춥습니다.

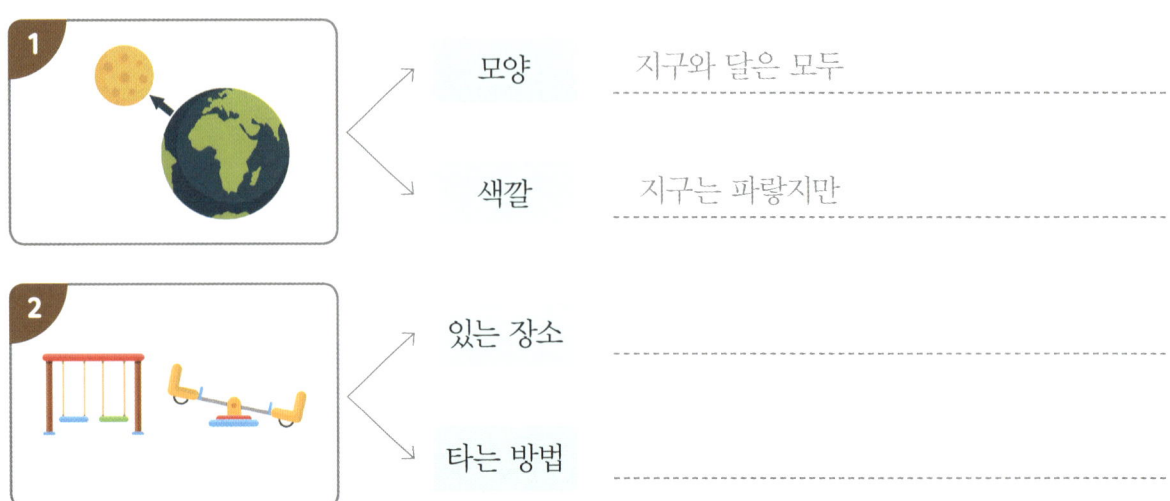

1.
모양 — 지구와 달은 모두 _____
색깔 — 지구는 파랗지만 _____

2.
있는 장소 — _____
타는 방법 — _____

직접 써 보기

1 표를 보고, 이어 주는 말을 넣어 비교·대조하는 문장을 완성해 보세요.

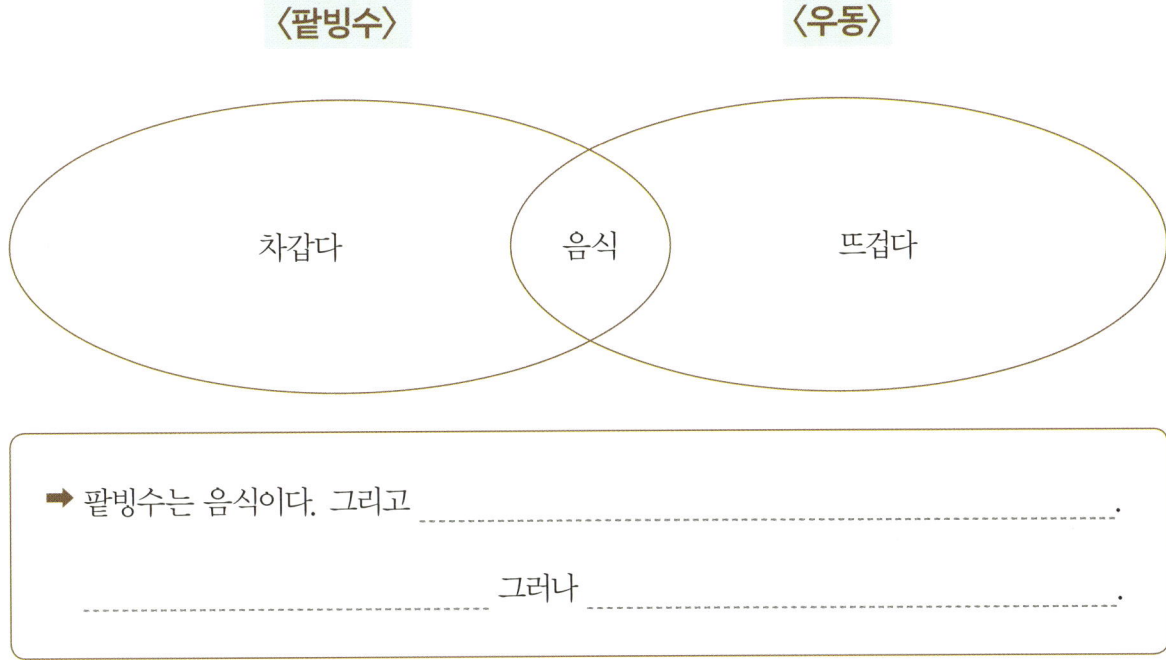

➡ 팥빙수는 음식이다. 그리고 _____.
_____ 그러나 _____.

2 자신이 비교·대조하고 싶은 두 가지를 선택해서 표를 채우고, 이어 주는 말을 넣어 비교·대조하는 문장을 완성해 보세요.

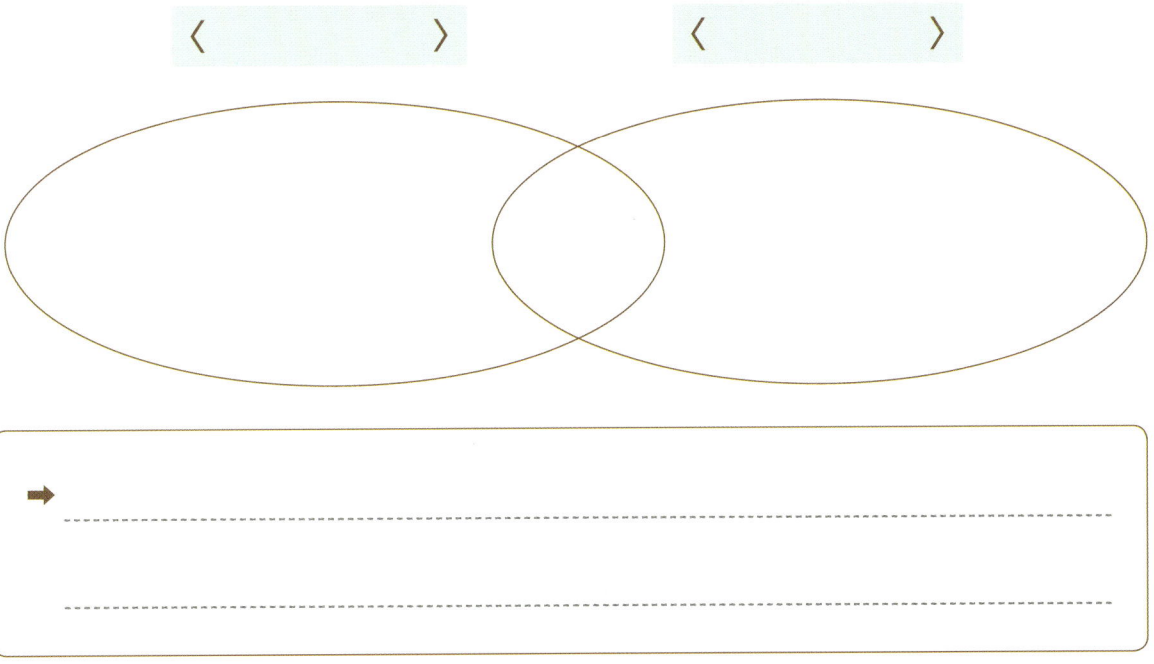

➡ _____
_____

07 원인과 결과로 쓰기

나는 몸이 매우 아팠습니다. 그래서 나는 학교에 가지 못했습니다.
　　원인　　　　　　　　　　　　결과

➡ 나는 몸이 매우 아파서 학교에 가지 못했습니다.

나는 학교에 가지 못했습니다. 왜냐하면 몸이 매우 아팠기 때문입니다.
　　　결과　　　　　　　　　　　　　　원인

➡ 내가 학교에 가지 못한 이유는 몸이 매우 아팠기 때문입니다.

➡ 나는 몸이 매우 아팠기 때문에 학교에 가지 못했습니다.

알아 두기 무슨 일이 일어나게 한 힘이나 영향을 '원인'이라 하고, 그러한 힘이나 영향에 따라 발생하게 된 일을 '결과'라고 해요. 원인과 결과의 순서로 연결할 때는 '그래서', 결과와 원인으로 연결할 때는 '왜냐하면 ~ 때문입니다'라는 이어 주는 말을 사용해요.

연습하기

1 그림을 보고, 〈보기〉처럼 원인이나 결과를 설명하는 문장을 완성해 보세요.

보기 유빈이가 민우의 색연필을 책상 밑으로 떨어뜨렸습니다.
　　　왜냐하면 유빈이가 민우의 책상을 밀었기 때문입니다.

❶ 유현이는 아빠와 함께 자전거 타기를 연습했습니다.
　　그래서 _____ .

❷ 윤서는 병원에 가서 의사에게 진찰을 받았습니다.
　　왜냐하면 _____ .

직접 써 보기

1 자신이 겪은 인상 깊은 일을 떠올리고, 그 일의 원인과 결과를 빈칸에 써 보세요.

원인	결과
밥을 허겁지겁 먹음	배탈이 남
수영장에서 열심히 수영을 함	배가 고픔

2 위의 내용을 바탕으로 〈보기〉처럼 원인과 결과로 설명하는 두 문장을 완성하고, 이 문장들을 한 문장으로 줄여 보세요.

> 보기
> 승희는 점심을 허겁지겁 먹었습니다.
> 그래서 승희는 배탈이 났습니다.
> ➡ 승희는 점심을 허겁지겁 먹어서 배탈이 났습니다.

❶
동원이는 배가 무척 고팠습니다.
왜냐하면 동원이는 수영장에서 열심히 수영을 했기 때문입니다.
➡

❷
➡

08 다음에 일어난 일 쓰기

국어 시간에 건이는 손을 들고 발표를 했습니다.
(다음에 일어난 일) 건이는 선생님께 칭찬을 받았습니다.
➡ 국어 시간에 건이는 손을 들고 발표를 해서 선생님께 칭찬을 받았습니다.

알아 두기 시간의 순서에 맞게 '어떤 일을 하고 난 다음에 일어난 일'을 문장으로 쓸 수 있어요. 다음에 일어난 일이 앞의 문장과 비슷한 내용일 때는 '그리고', 결과일 때는 '그래서', 반대 내용일 경우에는 '그러나' 등 여러 가지 이어 주는 말을 활용할 수 있죠.

연습하기

1 그림을 보고, 〈보기〉처럼 어떤 사건과 그다음에 일어난 일을 설명하는 문장을 써 보세요.

보기
흥부는 까치의 다리를 치료해 주었습니다.
까치는 흥부에게 박씨를 물어다 주었습니다.

❶ 복도에서 정우와 단유의 어깨가 부딪혔습니다.

❷ 도은이는 복도에 쓰레기를 함부로 버렸습니다.

직접 써 보기

1 자신이 평소 했던 행동이나 일을 떠올리며 다음에 일어난 일을 빈칸에 써 보세요.

사건	다음에 일어난 일
해수욕장에서 신나게 놂	얼굴이 까맣게 탔음
빵을 맛있게 먹음	치킨을 배부르게 먹음

2 위의 내용을 바탕으로 〈보기〉처럼 다음에 일어난 일을 설명하는 두 문장을 완성하고, 이 문장들을 한 문장으로 줄여 보세요.

> **보기**
> 연진이는 여름방학에 해수욕장에서 재미있게 놀았습니다.
> 그래서 연진이는 얼굴이 새까맣게 탔습니다.
> ➡ 연진이는 여름방학에 해수욕장에서 재미있게 놀아서 얼굴이 새까맣게 탔습니다.

❶
영우는 아빠가 제과점에서 사 온 빵을 맛있게 먹었다.
그리고 영우는 엄마가 시장에서 사 온 치킨을 배부르게 먹었다.
➡

❷
➡

09 전체와 부분으로 쓰기

손은 여러 가지 부분으로 나눌 수 있습니다. 손은 손톱, 손가락, 손바닥 등으로 이루어집니다. (전체: 손 / 부분: 손톱, 손가락, 손바닥)

➡ 손은 손톱, 손가락, 손바닥 등 여러 가지 부분으로 이루어져 있습니다.

알아 두기 전체와 부분으로 나누어 쓰면 대상을 구체적으로 이해할 수 있어요. 전체와 부분에 상하 관계를 포함하기도 해요.

연습하기

1 그림을 보고, 〈보기〉처럼 전체를 부분으로 나누어 설명하는 문장을 써 보세요.

보기

우리나라에는 다양한 섬이 있습니다.
독도, 울릉도, 제주도, 거제도 등 여러 가지 섬이 있습니다.

*'섬'과 '독도, 울릉도, 제주도, 거제도'는 상하 관계입니다.

❶

서연이는 책을 좋아합니다.
------

❷

형준이가 시계를 분해하고 있습니다.

> **직접 써 보기**

1 전체와 부분으로 나누어 쓰고 싶은 주제를 떠올려서 빈칸에 써 보세요.

전체(상)	부분(하)
피자	페퍼로니 피자, 불고기 피자, 시카고 피자
식물	뿌리, 줄기, 잎, 가지

2 위의 내용을 바탕으로 〈보기〉처럼 전체와 부분으로 나누어 설명하는 두 문장을 완성하고, 이 문장들을 한 문장으로 줄여 보세요.

> 보기
> 다율이는 여러 가지 피자를 좋아합니다.
> 다율이는 페퍼로니 피자, 불고기 피자, 시카고 피자 등 다양한 피자를 좋아합니다.
> ➡ 다율이가 좋아하는 피자에는 페퍼로니 피자, 불고기 피자, 시카고 피자 등이 있습니다.

①
식물은 여러 가지 부분으로 나눌 수 있습니다.
식물은 크게 뿌리, 줄기, 잎, 가지 등으로 이루어져 있습니다.
➡ _____

②
_____
_____
➡ _____

10 문제와 해결로 쓰기

엘리베이터 안에서 누군가 방귀를 뀌었다. (문제)
나는 잠깐 코를 막고 있었다. (해결)
➡ 엘리베이터 안에서 누군가 방귀를 뀌어서 나는 잠깐 코를 막고 있었다.

알아 두기 문제에 대한 여러 가지 해결 방법이 있어요. 문제와 해결로 쓴 두 문장을 원인과 결과로 이어 주는 '그래서' 등과 같은 말로 연결할 수 있어요.

연습하기

1 그림을 보고, 〈보기〉처럼 문제를 설명하고 해결하는 문장을 써 보세요.

〈보기〉 무단횡단으로 일어나는 사고가 잦습니다.
학교에서 아이들에게 교통 규칙을 가르쳐야 합니다.

❶ 훈배는 스마트폰을 사용해서 눈이 나빠졌습니다.

❷ 현재는 요새 배가 나와서 걱정이 많습니다.

직접 써 보기

1 자신이 생각하는 문제를 적고, 그 문제를 해결하는 방법을 떠올려서 빈칸에 써 보세요.

문제	해결 방법
빌리려고 하는 책이 도서관에 없음	다른 책을 빌림
스마트폰 게임이 하고 싶음	오늘 과제를 먼저 끝냄

2 위의 내용을 바탕으로 〈보기〉처럼 문제와 해결 방법을 설명한 두 문장을 완성하고, 이 문장들을 한 문장으로 줄여 보세요.

> **보기**
> 유준이가 빌리려고 했던 책이 도서관에 없었습니다.
> 유준이는 다른 책을 빌렸습니다.
> ➡ 유준이는 빌리려고 했던 책이 도서관에 없어서 다른 책을 빌렸습니다.

①
은상이는 스마트폰으로 게임을 하고 싶었습니다.
은상이는 오늘 해야 할 과제를 먼저 끝냈습니다.
➡

②
➡

3단원

원고지 쓰기

이것을 배워요!

글쓴이가 원고지에 글을 쓸 때 규칙을 지키기 때문에 읽는 사람도 원고지에 쓴 글을 쉽게 이해할 수 있지요. 이번 단원에서는 원고지 쓰기의 규칙을 복습하고, 여기에 더해 몇 가지 규칙을 더 알아봐요.

*기본 문장 부호를 간단히 복습해 봐요.
- **,** **쉼표**: 부르는 말 뒤 또는 여러 낱말을 늘어놓을 때
- **.** **마침표**: 한 문장이 끝날 때
- **?** **물음표**: 물어볼 때, 모르거나 불확실한 내용일 때
- **!** **느낌표**: 감탄이나 놀람, 명령 등을 강조할 때

01 큰따옴표, 작은따옴표 알기

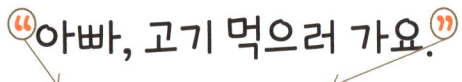

큰따옴표(" "): 글 안에서 대화를 나타낼 때
작은따옴표(' '): 마음속으로 한 말을 적을 때

알아 두기 글 가운데서 대화나 생각을 나타낼 때는 각각 큰따옴표와 작은따옴표를 사용해요.

연습하기

1 각 문장 부호의 이름을 바르게 써 보세요.

① " "　　② !

③ ,　　④ ' '

2 빈칸에 큰따옴표를 넣어야 할 문장과 작은따옴표를 넣어야 할 문장을 구분하여 선으로 연결해 보세요.

① " "

② ' '

㉠ □현수야! 학교 가자.□라고 지현이가 외쳤다.

㉡ □이거 큰일 났다!□ 접시를 깨트린 정우는 크게 당황했다.

㉢ □이야! 정말 재미있다!□ 빙고 게임을 하던 정우가 생각했다.

㉣ □점심 먹었어?□ 현수가 고개를 절레절레 흔들었다. □안 먹었다고?□

3 〈보기〉처럼 누군가와 대화하는 말인지, 마음속으로 생각한 말인지를 찾아 ○표를 하고, 네모 칸 안에 알맞은 문장 부호를 넣어 보세요.

> 보기
> ((누군가와 대화하는 말) / 마음속으로 생각한 말)
> □"□언젠가는 꼭 다시 만나자.□"□ 나는 전학을 가는 친구의 손을 잡고 말했다.

❶ (누군가와 대화하는 말 / 마음속으로 생각한 말)

□ 아차! 우산을 놓고 왔네. □ 비가 오니 내 머릿속에 우산이 퍼뜩 떠올랐다.

❷ (누군가와 대화하는 말 / 마음속으로 생각한 말)

□ 너는 매일 무슨 운동을 하니? □ 현주가 민기에게 물었다.

❸ (누군가와 대화하는 말 / 마음속으로 생각한 말)

□ 과연 누가 우승할까? □ 월드컵 결승전을 보다가 갑자기 나는 궁금해졌다.

4 〈보기〉처럼 잘못된 문장 부호를 고쳐 문장을 다시 써 보세요.

> 보기
> "슬기야, 너 오늘 한민이 생일 파티에 갈 거니!'
> ➡ "슬기야, 너 오늘 한민이 생일 파티에 갈 거니?"

❶ '엄마가 나한테 선물을 주면 좋겠다."라고 나는 속으로 생각했습니다.

➡ _____

❷ "이번에는 꼭 빠져나가고 말 거야." 여우는 마음속으로 다짐했습니다!

➡ _____

❸ '필통에 연필. 지우개. 풀이 있니!' 선생님께서 나에게 물었습니다.

➡ _____

02 큰따옴표, 작은따옴표 쓰기

알아 두기 원고지에 따옴표를 쓸 때 그 위치를 제대로 나타내야 해요. 따옴표의 시작은 원고지 한 칸을 4등분 했을 때 오른쪽 위에 써야 하고, 따옴표의 끝은 왼쪽 위에 표시해야 해요. 하지만 따옴표가 끝날 때 마침표가 나오면 마침표와 따옴표를 한 칸에 같이 써요. 이때 마침표는 왼쪽 아래, 따옴표는 오른쪽 위에 표시해요. 그렇지만 물음표나 느낌표가 나오면 따옴표는 그 옆 칸에 써야 하지요.

연습하기

1 대화를 원고지에 옮겨 써 보세요. 원고지에 빠진 문장 부호를 채워 보세요.

 나는 강아지를 키우려고 해.   나는 고양이가 좋은데.

❶ 나는 강아지를 키우려고 해

하나 더! 큰따옴표, 작은따옴표가 들어간 문장에서 줄이 바뀔 때는 앞에 한 칸을 비워 두고 써요.

❷ 나는 고양이가 좋은데

3 〈보기〉처럼 원고지에 알맞은 문장 부호를 넣어 보세요.

보기

	'	다	음	에		만	나	면		꼭
	사	과	해	야	지	.	'			
	소	현	이	는		마	음	속	으	로
다	짐	했	다	.						

❶

		이		신	발		어	때	?	
	엄	마	가		나	에	게		물	었	다	.

> **하나 더!**
> 문장 부호가 원고지 끝에 나오면 다음 행에 쓰는 것이 아니라 한 행의 마지막 칸 안이나 칸 밖에 써요.

❷

		야	호		드	디	어		내	일
내		생	일	이	다					
	일	어	나	자	마	자		즐	거	운
생	각	이		떠	올	랐	다			

❸

		사	과		참	외		수	박		포
도		체	리	.		대	체		뭘		사
야		할	까	요							
엄	마	에	게		되	물	었	다			

02. 큰따옴표, 작은따옴표 쓰기

03 제목, 소속, 이름 쓰기

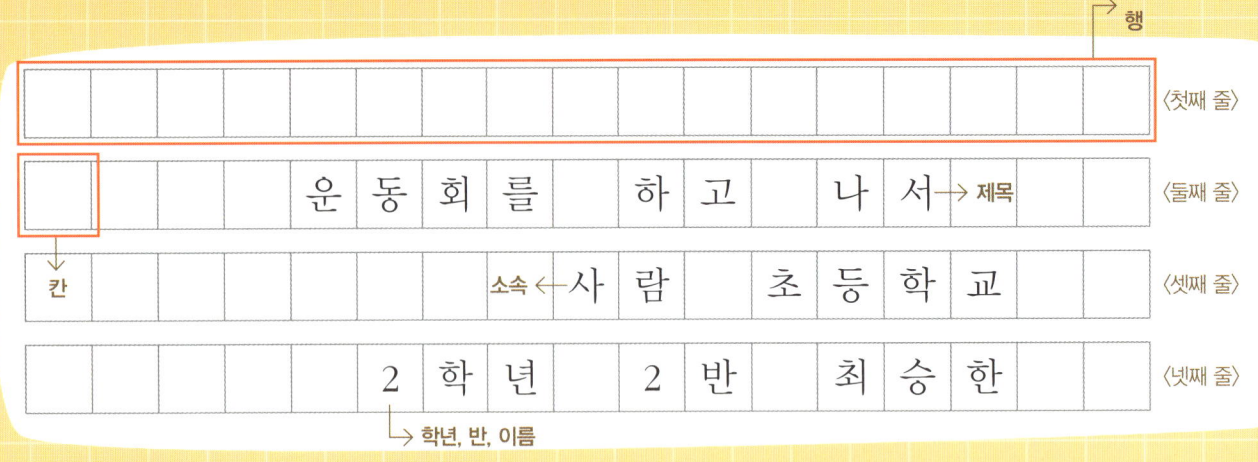

알아 두기 원고지에 제목, 소속, 이름을 쓰는 규칙이 있어요. 첫째 줄은 비웁니다. '제목'은 원고지 둘째 줄의 중앙에 씁니다. '소속'은 제목 바로 밑에 쓰는데 그 뒤에 두 칸 또는 세 칸을 남깁니다. '학년, 반, 이름'은 소속 아래 줄에 쓰되, 뒤에 두 칸을 남기고 씁니다.

연습하기 **1** 주어진 제목과 소속, 이름을 원고지에 바르게 옮겨 써 보세요.

❶ 제목: 동물원, 소속: 사람 초등학교, 이름: 채하늘

❷ 제목: 나비가 나풀나풀, 소속: 사람 초등학교, 학년과 반: 1학년 1반, 이름: 황우정국

❸ 제목: 글쓰기 공부를 하고 나서, 소속: 한라산 초등학교, 학년: 3학년, 이름: 이승혜

❹ 제목: 강아지똥을 읽고, 이름: 이다율

하나 더!
소속을 안 쓸 때는 셋째 줄을 비우고 넷째 줄에 이름만 써요.

❺ 제목: 잠자리의 일생, 소속: 역사 초등학교, 학년과 반: 2학년 8반, 이름: 김명훈

04 원고지 규칙 정리·문장 필사하기

연습하기

1 원고지 규칙에 맞게 주어진 글을 원고지에 올바르게 옮겨 써 보세요.

❶ 나와 동생을 태운 썰매가 눈길을 미끄러져 내려갔습니다.
"와! 엄청 재미있다."
동생은 웃으면서 크게 소리쳤습니다.

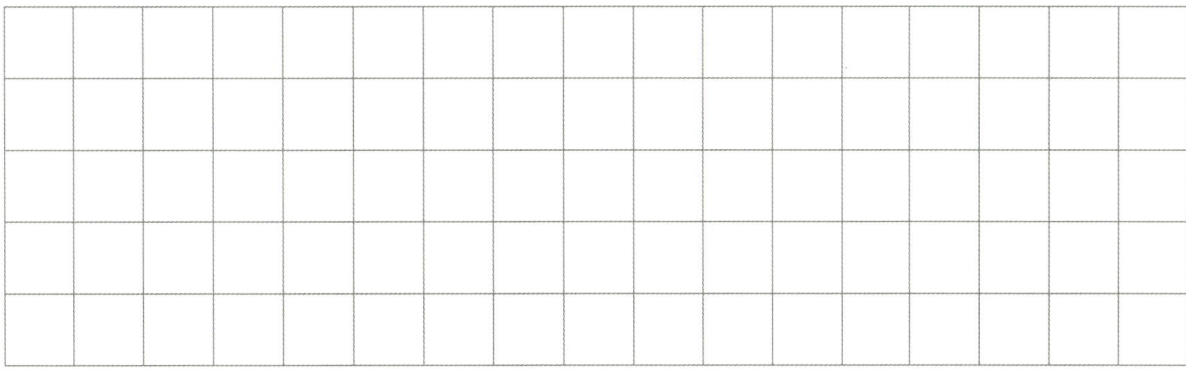

❷ 놀이공원에서 회전목마를 탔습니다. 아빠가 회전목마 밖에서 "정훈아! 여기 봐!"라고 외쳤습니다. 아빠를 바라보자 '번쩍!' 하고 플래시가 터졌습니다.

하나 더!
'~라고 외쳤습니다'나 '~하고'처럼 대화나 생각을 인용하는 문장의 경우 원고지 행을 바꾸지 않고 그대로 써요.

❸ "원고지 쓰기에는 규칙이 있습니다. 특히 마침표, 쉼표, 느낌표, 물음표, 큰따옴표, 작은따옴표와 같은 문장 부호에 따라서 다양한 규칙이 적용됩니다."

❹ "오늘 숙제 해 왔니?"
선생님께서 물으셨습니다.
"어제 급한 일이 있어서 못했습니다."
나는 기어들어 가는 목소리로 말했습니다.

❺ 횡단보도를 건널 때는 주위를 살피고 건넙니다. 파란불에 건너도 교통 규칙을 지키지 않는 차가 있기 때문입니다. 내 몸의 안전은 다른 누가 지켜 주지 않습니다.

❻ 어제 아빠와 함께 큰 눈사람을 만들었다. 아빠가 "이야, 우리 민서 열심히 하는구나!"라며 칭찬해 주셨다. 눈사람이 살아나서 나에게 "안녕!" 하고 인사할 것 같았다.

4단원

세 문장 쓰기
(문단 쓰기)

이것을 배워요!

나는 오늘 가족들과 함께 동물원에 갔다. 문장
곰이 귀여운 줄 알았는데 몸집이 커서 깜짝 놀랐다. 문장
동물원에 다녀와서 즐거운 하루였다. 문장

➡ 문단 (주제: 동물원에 다녀온 하루)

 나는 오늘 가족들과 함께 동물원에 갔다. 곰이 귀여운 줄 알았는데 몸집이 커서 깜짝 놀랐다. 동물원에 다녀와서 즐거운 하루였다.

여러 개의 문장을 이어 쓰면 하나의 '문단'을 만들 수 있어요. 보통 '문단'을 만들기 위해서는 두세 개 이상의 문장을 이어 써야 하지요. '문단'은 생각을 나타내는 단위로 하나의 문단은 한 가지 생각을 주제로 연결되는 경우가 많아요. 이번 단원에서는 문단에 대해서 간단히 알아보고, 여러 가지 주제로 한 문단을 구성하는 연습을 해 볼 거예요. 이를 통해 읽는 사람에게 자기 생각을 명확하게 전달할 수 있는 글을 써 보도록 해요.

01 문단이란?

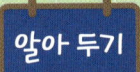 문단은 '글의 단위'를 이르는 말로 '문장이 몇 개 모여서 한 가지 생각을 연결한 짧은 글'을 뜻해요. 중심 문장과 뒷받침 문장으로 문단을 구성하면 하나의 생각을 자세히 표현하기 때문에 읽는 사람이 글을 이해하기 쉬워요(중심 문장은 문단의 앞에 오기도 하고, 뒤에 오기도 하죠). 문단을 시작할 때는 한 칸을 들여서 써요.

연습하기

1 문단에 어울리지 않는 문장을 찾아서 〈보기〉처럼 지워 보세요.

> 보기
> 나는 오늘 가족들과 함께 동물원에 갔다. 곰이 귀여운 줄 알았는데 몸집이 커서 깜짝 놀랐다. ~~김밥이 너무 맛있었다.~~ 동물원에 다녀와서 참 즐거운 하루였다.

❶ 저를 반장으로 뽑아 주시기를 바랍니다. 저는 매일 교실 청소를 열심히 해서 깨끗한 반을 만들 수 있도록 노력하겠습니다. 또, 아침밥을 매일 먹겠습니다. 친구가 어려운 일이 있으면 앞장서서 돕는 그런 반장이 되겠습니다.

❷ 오늘 비가 많이 왔다. 우산을 챙기지 않아서 걱정이 되었다. 그런데 엄마가 교문 앞에 우산을 들고 나와 계셨다. 선생님께서 나에게 일기를 열심히 쓰라고 말씀하셨다.

❸ 한민아, 안녕! 어제 급식으로 나온 돈가스 정말 맛있지 않았니? 이번 주 일요일 두 시에 학교 앞 카페에서 내 생일을 축하하기로 했어. 네가 꼭 참석해 주면 좋겠어.

직접 써 보기

1 〈보기〉처럼 마인드맵을 완성하고, 문단을 완성해 보세요.

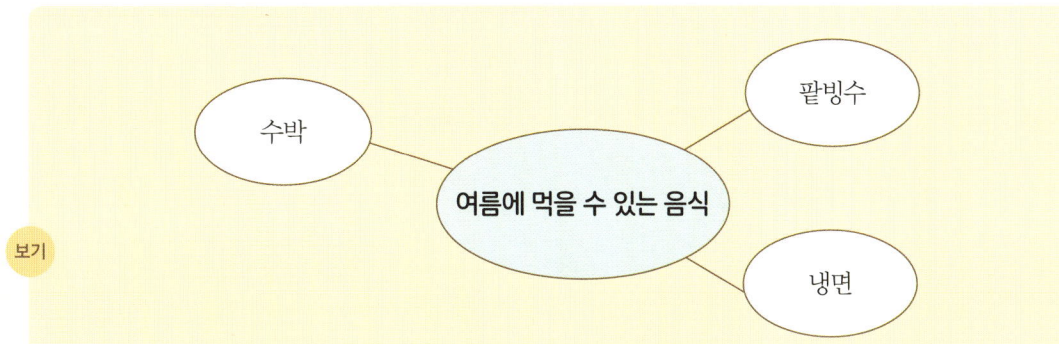

보기

여름에 먹을 수 있는 음식이 많습니다. 시원한 팥빙수와 냉면은 여름을 대표하는 음식입니다. 또, 여름 과일로 수박을 빼놓을 수 없습니다.

❶ 저는 여러 가지 노래를 좋아합니다. 특히 '얼굴 찌푸리지 말아요'와 '네모의 꿈'이라는 노래는 즐겁고 신나게 부를 수 있습니다. _____.

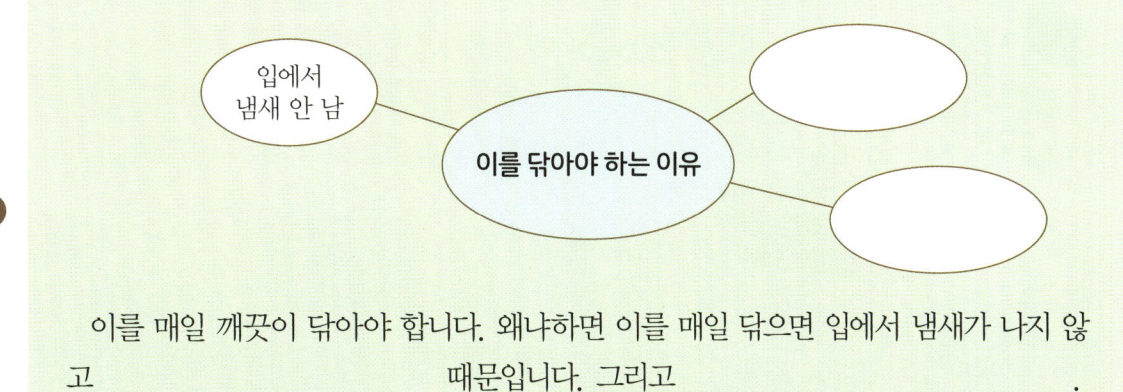

❷ 이를 매일 깨끗이 닦아야 합니다. 왜냐하면 이를 매일 닦으면 입에서 냄새가 나지 않고 _____ 때문입니다. 그리고 _____.

02 운동

㉠ 좋아하는 운동은 무엇인가요?
㉡ 그 운동 경기에서 승리 혹은 패배했을 때 기분은 어떤가요?
㉢ 그 운동을 잘하려면 어떻게 해야 할까요?

문단 ➡ 나는 피구를 좋아한다. 경기에서 지면 나는 기분이 안 좋다. 피구를 잘하기 위해서는 공을 보고 잘 피할 수 있도록 연습해야 한다.

연습하기

1 〈보기〉처럼 해당 질문에 답하며 문단을 완성해 보세요.

보기
'어제 공원에서 아빠하고 공을 주고받은 게 기억나.'

㉠ 어제 어떤 운동을 했나요?
㉡ 운동하던 중 어떤 일이 있었나요?
㉢ 운동할 때 기분이 어땠나요?

➡ ㉠ 나는 어제 공원에서 아빠하고 야구공을 주고받았다. ㉡ 아빠가 공을 세게 던졌지만 내가 다 받아 냈다. ㉢ 아빠가 공을 잘 받는다고 칭찬해 주셔서 나는 기분이 좋았다.

1

'우리나라가 꼭 월드컵에 나가면 좋겠어.'

㉠ 어떤 경기를 보았나요?
㉡ 경기를 볼 때 기분은 어땠나요?
㉢ 경기를 보면서 바랐던 점은 무엇인가요?

➡ ㉠ 나는 _____ 한국과 일본의 시합을 보았다. ㉡ _____ 손에서 땀까지 났다. ㉢ 나는 우리나라가 이겨서 꼭 _____.

2

'태권도를 배워서 몸이 건강해지면 좋겠다.'

㉠ 배우고 싶은 운동이 있나요?
㉡ 배우고 싶은 이유는 무엇인가요?
㉢ 그 운동을 배운다면 어떤 기분이 들까요?

➡ _____
_____
_____

직접 써 보기

1 '운동' 하면 떠오르는 생각을 그림으로 그려 보고, 어떤 내용을 쓰고 싶은지 한 문단으로 써 보세요.

➡ _____
_____
_____

03 소망 목록

㉠ '배우고 싶은 것'은 무엇인가요?
㉡ 그것을 왜 배우고 싶나요?
㉢ 그것을 배운다면 어떤 기분이 들 것 같나요?

문단 ➡ 나는 바둑을 배우고 싶다. 바둑을 두는 사람을 보면 똑똑해 보이기 때문이다. 바둑을 배운다면 하늘을 날아다니는 기분이 들 것 같다.

연습하기

1 '소망 목록'에 대한 마인드맵을 보고, 〈보기〉처럼 해당 질문에 답하며 문단을 써 보세요.

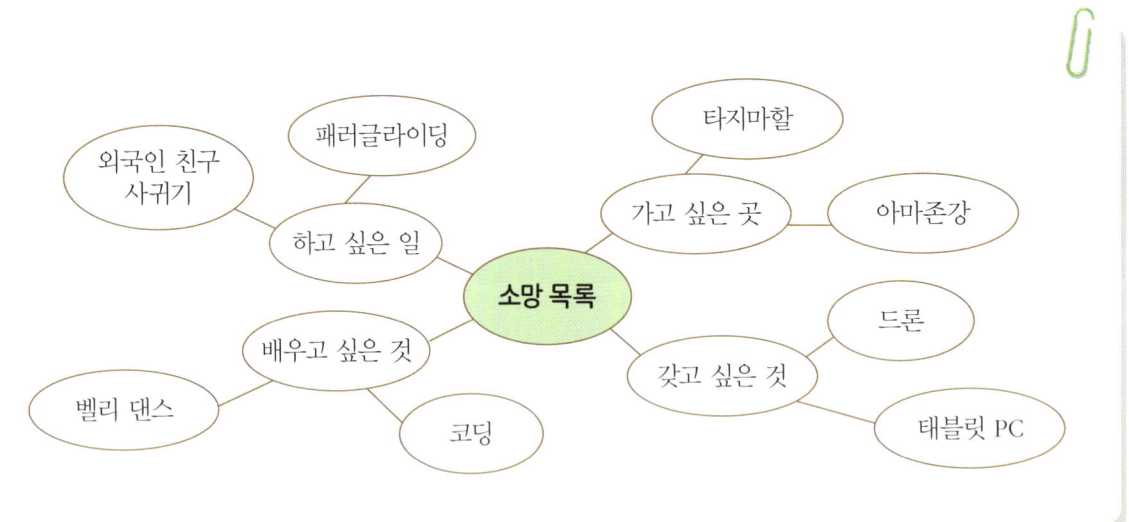

㉠ 소망 목록 중 한 가지를 써 보세요.
㉡ 위에 적은 소망 목록의 한 가지 예를 구체적으로 써 보세요.
㉢ 또 다른 한 가지를 구체적으로 써 보세요.

보기 ➡ ㉠ 나는 소망 목록으로 꼭 가고 싶은 곳을 적었다. ㉡ 인도의 왕이 사랑하는 왕비를 위해 세운 타지마할에 가고 싶다. ㉢ 또, 세계에서 두 번째로 긴 아마존강에 가 보고 싶다.

㉠ 소망 목록 중 '하고 싶은 일' 한 가지를 써 보세요.
㉡ 그것을 한다면 어떤 기분이 들까요?
㉢ 그것을 하기 위해 어떤 노력을 해야 할까요?

➡ _____

직접 써 보기

1 '소망 목록' 하면 떠오르는 생각을 마인드맵으로 나타내고, 어떤 내용을 쓰고 싶은지 한 문단으로 써 보세요.

하고 싶은 일   가고 싶은 곳
         소망 목록
배우고 싶은 것   갖고 싶은 것

➡ _____

03. 소망 목록 69

04 휴일에 가고 싶은 곳

㉠ 휴일에 어디에 가고 싶나요?
㉡ 그리고 그곳에 가고 싶은 이유는 무엇인가요?
㉢ 그곳에서 무엇을 하고 싶나요?

문단 ➡ 나는 휴일에 집에서 쉬고 싶다. 이번 주에 여러 가지 일이 있어서 몸이 피곤하기 때문이다. 집에서 푹 자고 맛있는 음식을 많이 먹고 싶다.

연습하기

1 〈보기〉처럼 해당 질문에 답하며 문단을 완성해 보세요.

보기

'날씨가 너무 더우니까 수영장에 가서 수영하면 좋겠다!'

㉠ 요즘 날씨가 어떤가요?
㉡ 휴일에 어디에 가고 싶나요?
㉢ 그곳에 가서 무엇을 하고 싶나요?

➡ ㉠ 요새 날씨가 너무 덥다. ㉡ 휴일에 수영장에 가면 이 더위를 한 방에 날려 버릴 수 있을 것 같다. ㉢ 나는 수영장에 가서 작년에 배운 자유형을 연습해 보고 싶다.

1

'지난번에 가족과 함께 캠핑 갔을 때 참 좋았어.'

㉠ 휴일에 어디에 가고 싶나요?
㉡ 그곳에 가고 싶은 이유는 무엇인가요?
㉢ 그곳에 가고 싶은 이유를 한 가지 더 써 보세요.

➡ ㉠ 이번 휴일에는 _____ 가면 좋겠습니다.
㉡ 우리 가족은 모두 _____.
㉢ 그리고 산에 단풍이 예쁘게 들어서 캠핑을 가면 _____.

2

㉠ 휴일에 어디에 가고 싶나요?
㉡ 그곳에 가고 싶은 이유는 무엇인가요?
㉢ 그곳에 가면 어떤 기분이 들까요?

'이번 봄에는 벚꽃을 보러 가면 좋겠어.'

➡

직접 써 보기

1 '휴일에 가고 싶은 곳' 하면 떠오르는 생각을 그림으로 그려 보고, 어떤 내용을 쓰고 싶은지 한 문단으로 써 보세요.

➡

05 음식

㉠ 다른 사람에게 추천하고 싶은 음식이 있나요?
㉡ 그 음식을 추천하고 싶은 이유를 한 가지 써 보세요.
㉢ 그 음식을 먹으면 어떤 기분이 드는지 써 보세요.

문단 ➡ 나는 다른 사람들에게 삼계탕을 추천하고 싶다. 삼계탕은 더운 날에 건강을 보충해 주기 때문이다. 나는 삼계탕을 먹을 때마다 기운이 나는 것 같다.

연습하기

1 '음식'에 대한 마인드맵을 보고, 〈보기〉처럼 해당 질문에 답하며 문단을 써 보세요.

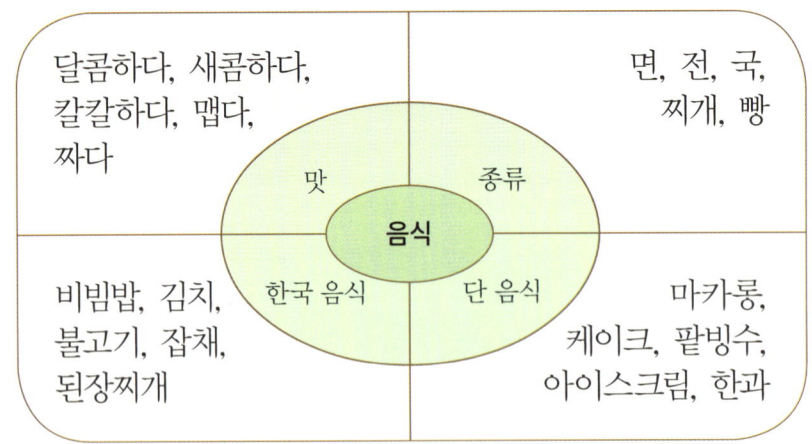

㉠ 내가 좋아하는 음식을 써 보세요.
㉡ 그 음식을 먹으면 어떤 기분이 드는지 써 보세요.
㉢ 그 음식을 먹고 싶을 때를 써 보세요.

보기
➡ ㉠ 나는 아이스크림 먹는 것을 좋아한다. ㉡ 아이스크림을 먹으면 달콤한 맛에 힘이 불끈 솟는다. ㉢ 오늘 저녁을 먹고 나서 맛있는 딸기 아이스크림을 먹고 싶다.

㉠ 음식의 종류를 써 보세요.
㉡ 면 음식의 종류에는 무엇이 있을까요?
㉢ 찌개 음식 종류에는 무엇이 있을까요?

➡

직접 써 보기

1 '음식' 하면 떠오르는 생각을 마인드맵으로 나타내고, 어떤 내용을 쓰고 싶은지 한 문단으로 써 보세요.

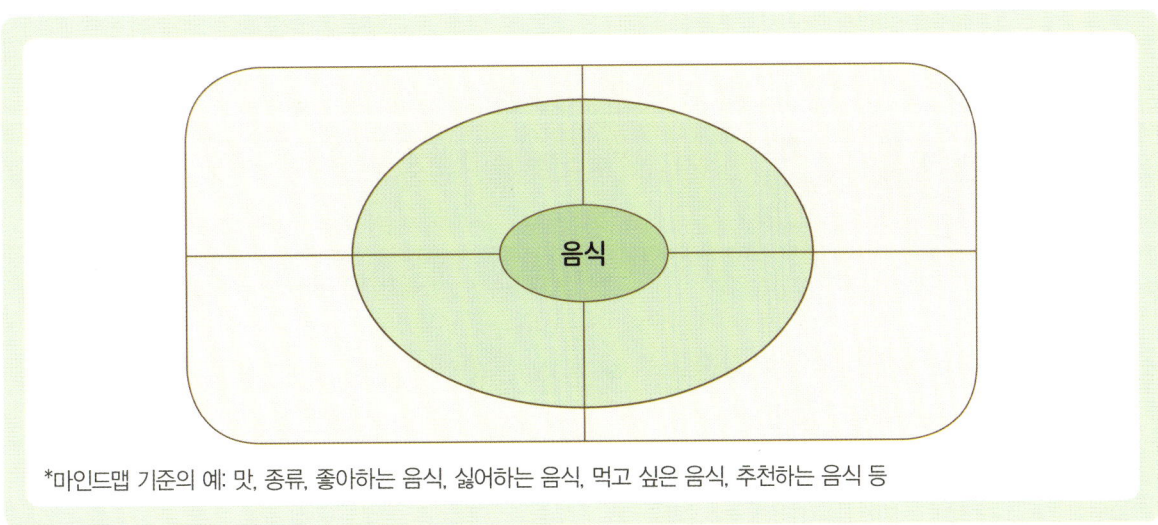

*마인드맵 기준의 예: 맛, 종류, 좋아하는 음식, 싫어하는 음식, 먹고 싶은 음식, 추천하는 음식 등

➡

06 바다에서 하는 일

㉠ 바다에서 하는 일에는 무엇이 있나요?
㉡ 그 일은 무엇을 하는 건가요?
㉢ 그 일을 상상하면 무슨 생각이 떠오르나요?

문단 ➡ 해녀라는 직업이 떠오릅니다. 해녀는 바다 깊은 곳에서 전복이나 해삼을 땁니다. 저는 해녀가 하는 일을 상상하면 인어가 바다를 헤엄치는 모습이 떠오릅니다.

연습하기

1 〈보기〉처럼 해당 질문에 답하며 문단을 완성해 보세요.

보기
'모래사장에서 모래를 가지고 즐겁게 놀았지.'

㉠ 바다에 갔던 경험이 있나요?
㉡ 그때 무엇을 했나요?
㉢ 그때 어떤 생각이나 느낌이 들었나요?

➡ ㉠ 나는 여름방학에 부산에 있는 해수욕장에 갔다. ㉡ 동생과 끝없이 펼쳐진 모래사장에서 모래성을 만들고, 모래찜질을 했다. ㉢ 온종일 모래를 쌓고, 부수고, 파고, 두드린 즐거운 하루였다.

1
'바다에서 어부들은 물고기를 잡아.'

㉠ 바다에서 하는 일에는 무엇이 있나요?
㉡ 그 일은 어떻게 하나요?
㉢ 그 일로 인해 우리는 어떤 도움을 받고 있나요?

➡ ㉠ 배를 타고 바다로 나가서 _____.
㉡ 어부는 물고기를 잡기 위해 _____ 을 한다. ㉢ 어부가 있기에 우리는 고등어나 갈치 같은 _____ 먹을 수 있다.

2

'바다에서 군인들이 나라를 지키기 위해서 노력하고 있어.'

㉠ 바다에서 하는 일에는 무엇이 있나요?
㉡ 그 일은 무엇을 하는 건가요?
㉢ 그 일을 하는 분에게 감사한 마음을 써 보세요.

➡

직접 써 보기

1 '바다에서 하는 일' 하면 떠오르는 생각을 그림으로 그려 보고, 어떤 내용을 쓰고 싶은지 한 문단으로 써 보세요.

➡

07 직업

㉠ 소개하고 싶은 직업 분야가 있나요?
㉡ 그 분야에 속하는 직업과 특징을 써 보세요.
㉢ 그 분야에 속하는 또 다른 직업과 특징을 써 보세요.

***직업 분야**: 직업의 부류, 의료·교육·서비스·문화 등과 같은 것

문단 ➡ 나는 의료와 관련된 직업을 소개하려고 한다. 의사는 사람들의 병을 진찰하고 치료한다. 약사는 의사가 처방한 약을 환자에게 올바르게 지어 준다.

연습하기

1 '직업'에 대한 마인드맵을 보고, 〈보기〉처럼 해당 질문에 답하며 문단을 써 보세요.

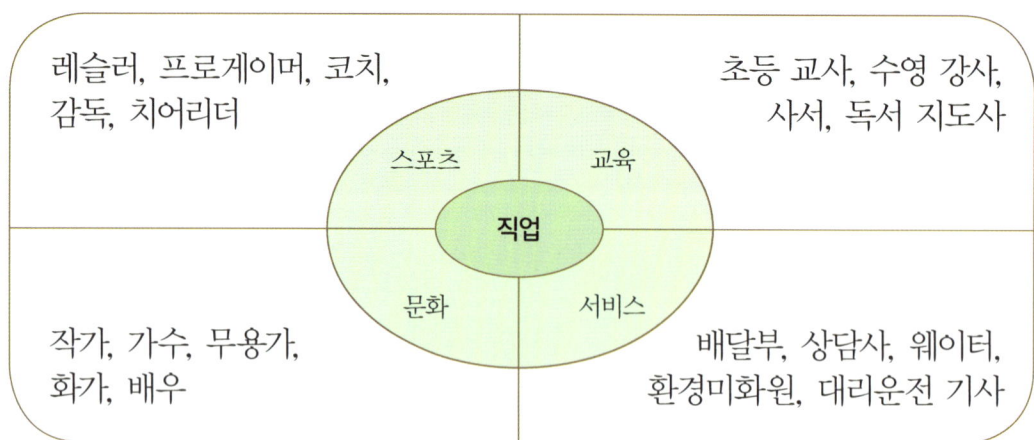

㉠ 관심 있는 직업 분야를 두 가지만 써 보세요.
㉡ 그 직업 분야에 속하는 직업을 써 보세요.
㉢ 다른 직업 분야에 속하는 직업을 써 보세요.

보기

➡ ㉠ 나는 직업 분야 중 교육과 문화 분야에 관심이 있다. ㉡ 교육과 관련된 직업으로 교사, 사서, 독서 지도사, 수영 강사 등이 있다. ㉢ 문화와 관련된 직업은 작가, 가수, 배우, 화가 등이 있다.

㉠ 주변에서 소개하고 싶은 직업을 가진 사람을 써 보세요.
㉡ 그 사람의 직업은 무엇인가요?
㉢ 그 사람은 자신의 직업에 대해 어떤 생각을 하고 있나요?

➡

직접 써 보기

1 '직업' 하면 떠오르는 생각을 마인드맵으로 나타내고, 어떤 내용을 쓰고 싶은지 한 문단으로 써 보세요.

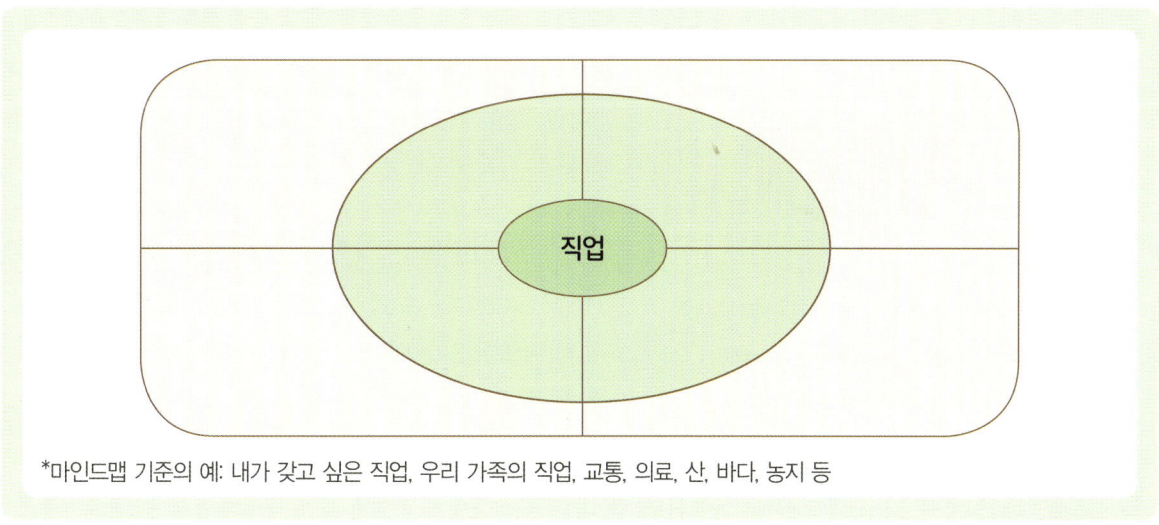

*마인드맵 기준의 예: 내가 갖고 싶은 직업, 우리 가족의 직업, 교통, 의료, 산, 바다, 농지 등

➡

08 놀이

㉠ 친구들과 했던 좋아하는 '놀이'는 무엇인가요?
㉡ 그 놀이는 어떻게 하나요?
㉢ 그 놀이를 할 때 주의할 점은 무엇인가요?

문단 ➡ 나는 친구들과 닭싸움하는 것을 좋아한다. 닭싸움은 한쪽 다리만 붙잡고 다른 다리로 콩콩 뛰어 상대를 쓰러뜨리는 놀이이다. 닭싸움을 할 때 친구들과 다투지 않도록 조심해야 한다.

연습하기

1 〈보기〉처럼 해당 질문에 답하며 문단을 완성해 보세요.

보기

'친구의 딱지가 뒤집혔을 때 심장이 두근댔어.'

㉠ 놀이터에서 했던 기억나는 놀이는 무엇인가요?
㉡ 그 놀이를 할 때 준비해야 할 것은 무엇인가요?
㉢ 그 놀이를 할 때 어떤 생각이 들었나요?

➡ ㉠ 놀이터에서 아이들은 자주 딱지 대전을 벌였다. ㉡ 다들 '질 좋은 종이'로 만든 최강의 딱지를 가지고 나왔다. ㉢ 나는 친구들의 딱지를 힘껏 쳐서 모두 뒤집고 싶었다.

1

'다음에는 오징어 게임을 배우고 싶어.'

㉠ 누군가 가르쳐 준 놀이는 무엇인가요?
㉡ 그 놀이는 어떻게 하나요?
㉢ 더 배우고 싶은 것이 있나요?

➡ ㉠ 일요일에 언니가 _____을(를) 가르쳐 주었다. ㉡ '동서남북과 '월화수목금토일'을 부르며 _____. ㉢ 다음에는 언니에게 _____을 배워야겠다.

2

'술래가 되어서 다른 친구를 찾는 게 힘들었어.'

㉠ 오늘 했던 재미있는 놀이는 무엇인가요?
㉡ 그 놀이는 어떻게 하나요?
㉢ 그 놀이를 할 때 힘든 점은 무엇인가요?

➡ ....

직접 써 보기

1 놀이 예시를 보며 떠오르는 것을 그림으로 그려 보고, 어떤 내용을 쓰고 싶은지 한 문단으로 써 보세요.

〈놀이 예시〉
숨바꼭질, 끝말잇기,
체스, 바둑, 스무고개,
빙고, 공기놀이,
땅따먹기, 윷놀이,
비사치기, 줄넘기,
지우개 따먹기

➡ ....

09 곤충

㉠ 관심 있는 곤충은 무엇인가요?
㉡ 그 곤충은 어디에 사나요?
㉢ 그 곤충은 무엇을 먹나요?

문단 ➡ 나는 멸종 위기종인 장수하늘소에 관심이 있다. 장수하늘소는 오래되고 커다란 나무가 있는 숲에 산다. 장수하늘소는 나무에서 나오는 수액을 먹으며 생활한다.

연습하기

1 곤충 중 '나비'에 대한 마인드맵을 보고, 〈보기〉처럼 해당 질문에 답하며 문단을 써 보세요.

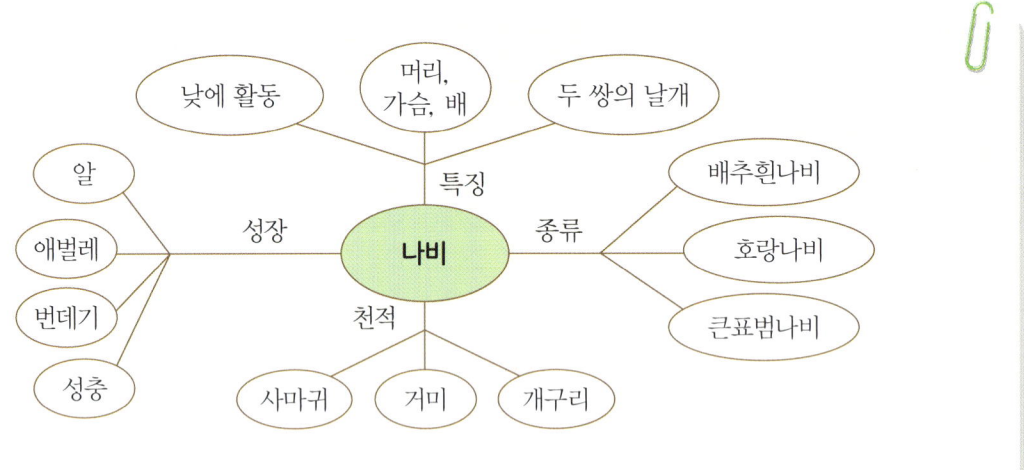

㉠ 나비는 어떻게 성장하나요?
㉡ 나비의 특징을 써 보세요.
㉢ 나비의 또 다른 특징을 써 보세요.

보기 ➡ ㉠ 나비는 곤충의 한 종류로 알, 애벌레, 번데기, 성충의 과정을 거쳐 성장합니다. ㉡ 나비의 몸은 머리, 가슴, 배로 나눌 수 있으며, 주로 낮에 활동합니다. ㉢ 나비는 두 쌍의 날개로 여러 곳을 날아다닐 수 있습니다.

㉠ 나비의 종류에는 무엇이 있는지 써 보세요.
㉡ 자신이 가장 좋아하는 나비 종류는 무엇인가요?
㉢ 나비의 천적을 써 보세요.

➡ _____

직접 써 보기

1 '곤충' 하면 떠오르는 생각을 마인드맵으로 나타내고, 어떤 내용을 쓰고 싶은지 한 문단으로 써 보세요.

곤충 이름
_____

*마인드맵 기준의 예: 종류, 특징, 천적, 성장 과정, 사는 곳, 먹이 등

➡ _____

09. 곤충 81

10 재미있게 읽은 책

㉠ '재미있게 읽은 책'을 처음에 읽었던 이유는 무엇인가요?
㉡ '재미있게 읽은 책'의 줄거리를 한 문장으로 써 보세요.
㉢ 책의 줄거리에 관한 생각과 느낌을 써 보세요.

문단 ➡ 명진이의 추천으로 〈해리포터〉를 읽게 되었다. 〈해리포터〉는 볼드모트와 싸우는 호그와트 학생들의 모험을 다룬 이야기이다. 해리와 친구들이 힘을 합쳐 싸우는 모습이 손에 땀을 쥐게 했다.

연습하기

1 〈보기〉처럼 해당 질문에 답하며 문단을 완성해 보세요.

보기

'태양계에 대한 설명이 흥미로웠어. 우리가 화성에서 살 수 있을까?'

㉠ '재미있게 읽은 책'은 무엇인가요?
㉡ 그 책을 읽고 난 뒤에 무슨 생각이 들었나요?
㉢ 그 책을 읽고 난 뒤에 떠오른 질문이 있나요?

➡ ㉠ 나는 〈우주의 신비〉라는 책을 즐겁게 읽었다. ㉡ 태양계에 속하는 여러 행성의 특징을 읽고 나니 우주가 신비롭게 느껴졌다. ㉢ 과연 미래에 우리가 화성에서 살 수 있을까?

1

'동시를 읽으면 행복하고 꼭 노래를 부르는 것 같은 느낌이 들어.'

㉠ '재미있게 읽은 책'에 나온 인상 깊은 표현은 무엇인가요?
㉡ 그 책을 읽고 난 뒤에 무슨 생각이 들었나요?
㉢ 그 책을 읽고 난 뒤에 떠오르는 생각이나 느낌을 한 가지 더 써 보세요.

➡ ㉠ _____ 이번에 읽은 동시에 나온 인상 깊은 표현이다. ㉡ 동시를 읽으면 _____ 이 든다. ㉢ 그리고 내가 _____ 느낌이 든다.

2

"떡 하나 주면 안 잡아먹지."

'전래동화는 무섭지만 재미있는 이야기가 많은 것 같아. 이번에 〈콩쥐팥쥐전〉을 다시 읽어봐야겠다.'

㉠ '재미있게 읽었던 전래동화'는 무엇인가요?
㉡ 그 전래동화가 재미있는 이유는 무엇인가요?
㉢ 다음에 읽고 싶은 전래동화는 무엇인가요?

➡

직접 써 보기

1 '재미있게 읽은 책' 하면 떠오르는 생각을 그림으로 그려 보고, 어떤 내용을 쓰고 싶은지 한 문단으로 써 보세요.

➡

10. 재미있게 읽은 책 83

11 영화

㉠ 가장 재미있게 봤던 영화는 무엇인가요?
㉡ 그 영화를 언제 어디서 보았나요?
㉢ 그 영화에서 생각나는 대사나 장면을 써 보세요.

문단 ➡ 나는 〈센과 치히로의 행방불명〉이라는 영화를 재미있게 보았다. 내 생일날 친구들과 함께 집에서 이 영화를 보았다. 센과 하쿠가 서로의 이름을 찾는 장면이 가장 기억에 남는다.

연습하기

1 영화 〈겨울왕국〉에 대한 마인드맵을 보고, 〈보기〉처럼 해당 질문에 답하며 문단을 써 보세요.

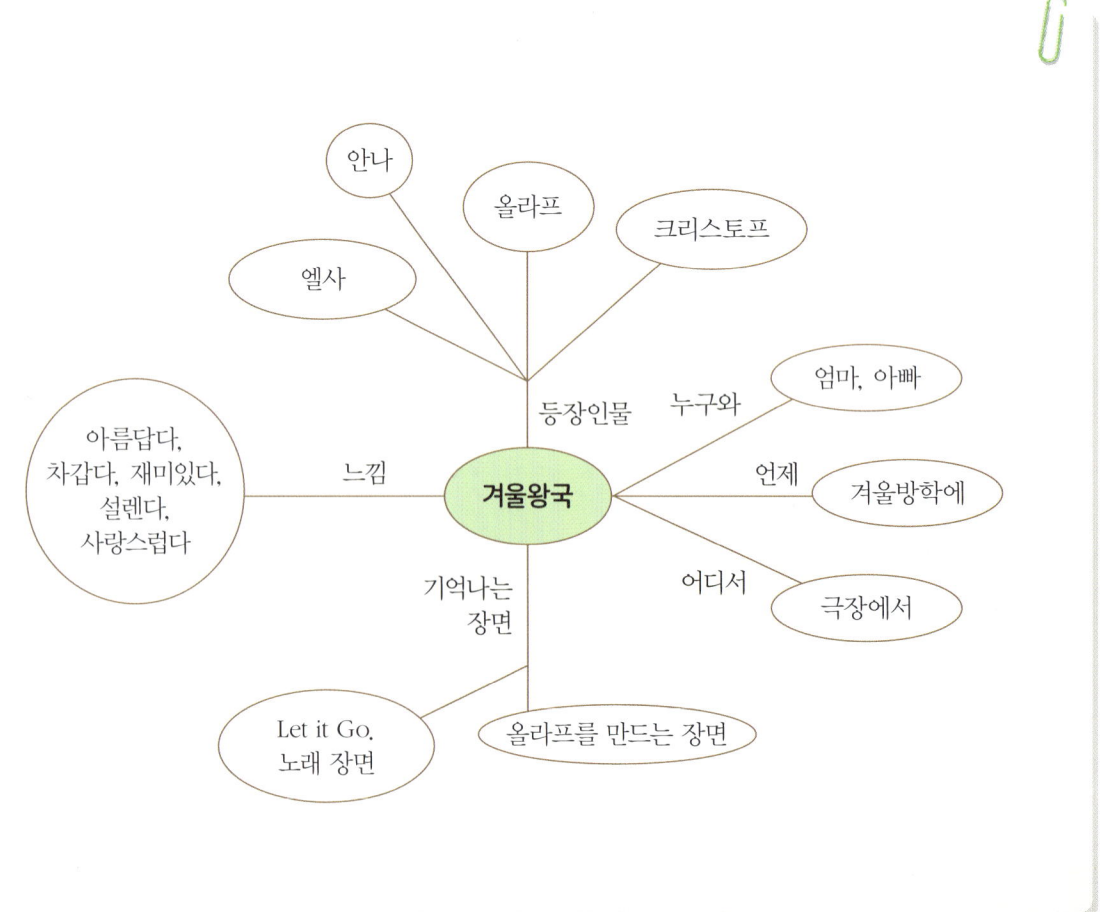

보기

㉠ 자신이 가장 좋아하는 영화는 무엇인가요?
㉡ 그 영화에 나오는 등장인물을 써 보세요.
㉢ 그 영화에서 생각나는 대사나 장면을 써 보세요.

➡ ㉠ 내가 제일 좋아하는 영화는 〈겨울왕국〉이다. ㉡ 〈겨울왕국〉에는 엘사, 안나, 올라프, 크리스토프 등 여러 인물이 나온다. ㉢ 나는 〈겨울왕국〉에서 엘사가 'Let it Go!'를 부를 때 소름이 돋았다.

㉠ 〈겨울왕국〉을 언제, 누구와 어디서 봤나요?
㉡ 그 영화는 어떤 이야기인지 간단히 써 보세요.
㉢ 그 영화를 보고 든 생각이나 느낌을 써 보세요.

➡

직접 써 보기

1 '영화' 하면 떠오르는 생각을 마인드맵으로 나타내고, 어떤 내용을 쓰고 싶은지 한 문단으로 써 보세요.

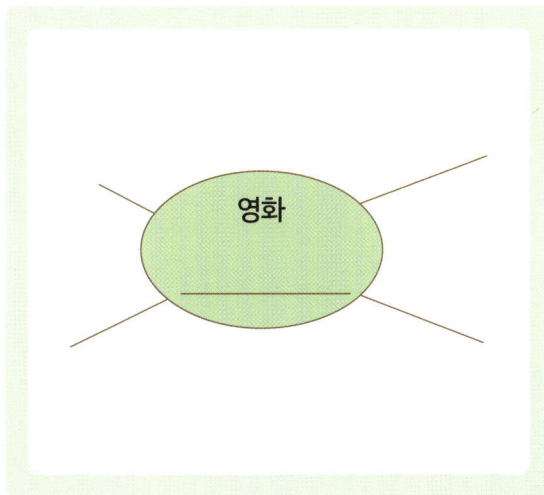

12 꿈

㉠ 자신이 이루고 싶은 꿈은 무엇인가요?
㉡ 그 꿈을 가지게 된 이유는 무엇인가요?
㉢ 그 꿈을 이루기 위해 어떤 노력을 해야 할까요?

문단 ➡ 나는 누군가를 지키는 경찰관이 되고 싶다. 얼마 전에 뉴스에서 범인을 잡은 경찰관의 인터뷰가 멋있었기 때문이다. 경찰관이 되려면 공부를 열심히 하고, 운동을 꾸준히 해서 체력을 길러야겠다.

연습하기

1 〈보기〉처럼 해당 질문에 답하며 문단을 완성해 보세요.

보기

'내가 좋아하는 게 뭐지?'

㉠ 자신이 이루고 싶은 꿈은 무엇인가요?
㉡ 그 이유는 무엇인가요?
㉢ 꿈을 이루기 위해 어떻게 해야 할까요?

➡ ㉠ 나는 아직 내 꿈을 잘 모르겠다. ㉡ 왜냐하면 그림, 독서, 노래, 운동 중 아직 내가 좋아하는 게 뭔지 확실하지 않기 때문이다. ㉢ 언젠가 좋아하는 게 확실해지면 그 꿈을 이루기 위해 열심히 노력하고 싶다.

1

'하루에 한 쪽씩 매일 글을 꾸준히 쓴다면 언젠가 작가가 될 수 있을 거야.'

㉠ 자신이 이루고 싶은 꿈은 무엇인가요?
㉡ 그 꿈을 이루게 되면 무엇을 하고 싶나요?
㉢ 그 꿈을 이루기 위해 어떤 노력을 해야 할까요?

➡ ㉠ 나는 _____ 가 되고 싶다. ㉡ 그래서 〈화요일의 두꺼비〉나 〈책 먹는 여우〉처럼 _____. ㉢ 작가가 되기 위해서 _____ 꾸준히 써야겠다.

1

'이 화가들처럼 나도 멋진 그림을 그리고 싶어.'

㉠ 자신이 이루고 싶은 꿈은 무엇인가요?
㉡ 그 꿈을 이룬 사람은 누구인가요?
㉢ 그 꿈을 이루게 되면 무엇을 하고 싶나요?

➡ _____
_____
_____

직접 써 보기

1 '꿈' 하면 떠오르는 생각을 그림으로 그려 보고, 어떤 내용을 쓰고 싶은지 한 문단으로 써 보세요.

➡ _____
_____
_____

13 시장에서 파는 물건

㉠ 시장에서 무엇을 샀나요?
㉡ 그것을 산 이유는 무엇인가요?
㉢ 다음에 시장에 가면 무엇을 사고 싶나요?

문단 ➡ 나는 오늘 시장에서 떡볶이와 김밥을 샀다. 떡볶이와 김밥이 너무 맛있어 보였기 때문이다. 다음번에 시장에 가면 순대와 어묵도 꼭 사고 싶다.

연습하기

1. '시장에서 파는 물건'에 대한 마인드맵을 보고, 〈보기〉처럼 해당 질문에 답하며 문단을 써 보세요.

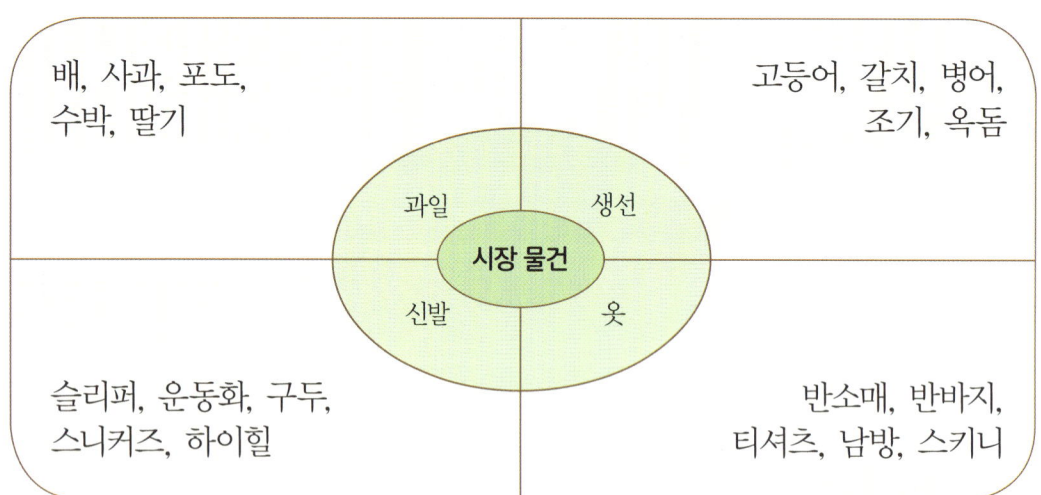

㉠ 시장에서는 무슨 물건을 파나요?
㉡ 생선 가게와 옷 가게에서 무엇을 파나요?
㉢ 과일 가게와 신발 가게에서 무엇을 파나요?

보기

➡ ㉠ 시장에서는 다양한 물건을 판다. ㉡ 생선 가게에서는 고등어, 갈치, 조기 등을 팔고, 옷 가게에서는 반바지, 티셔츠, 스키니 등을 판다. ㉢ 또 과일 가게에서는 배, 사과, 수박 등을 팔고, 신발 가게에서는 슬리퍼, 운동화, 구두 등을 판다.

㉠ 시장에서 어떤 가게에 갔나요?
㉡ 그 가게에서 무슨 물건을 보았나요?
㉢ 그 가게에서 마음에 들거나 실망한 것이 있다면 한 가지만 써 보세요.

➡ _____

직접 써 보기

1 '시장에서 파는 물건' 하면 떠오르는 생각을 마인드맵으로 나타내고, 어떤 내용을 쓰고 싶은지 한 문단으로 써 보세요.

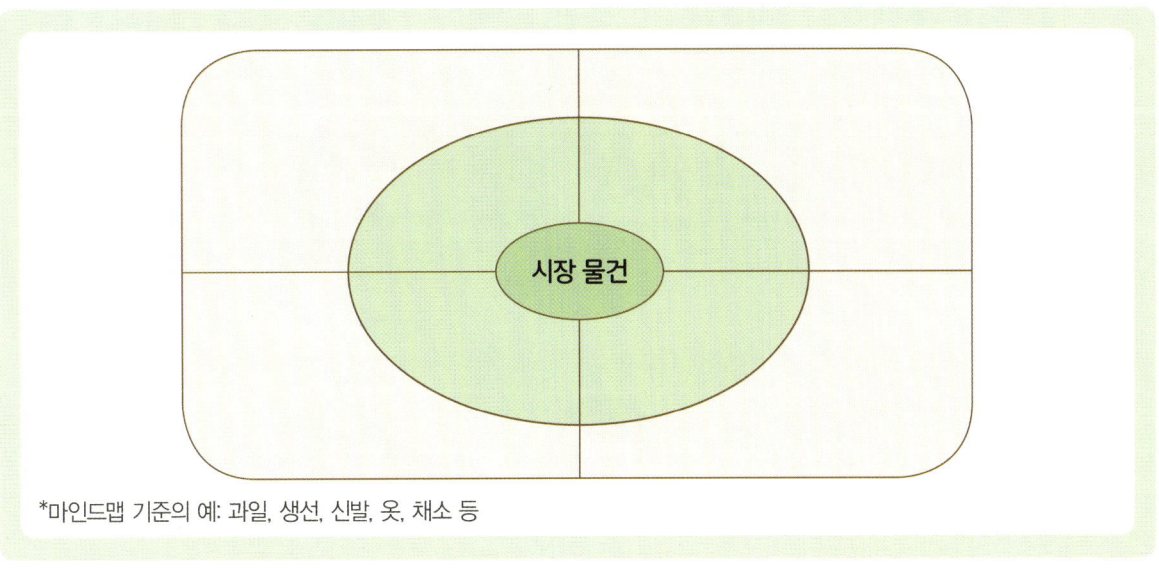

*마인드맵 기준의 예: 과일, 생선, 신발, 옷, 채소 등

➡ _____

5단원

장르 및 목적에 따라 글쓰기 (1)

이것을 배워요!

친밀한 사이에 주고받는 쪽지나 편지, 매일 쓰는 일기처럼 주변에서 쉽게 접할 수 있는 글이 있어요. 이번 단원에서는 쪽지, 일기, 편지, 생활문을 써 볼 거예요. 지금까지 배운 문장 쓰는 방법을 토대로 글의 특징에 맞게 짧은 글을 완성해요.

글을 쓸 때는 있었던 일(사실)과 생각이나 느낌(의견)을 적절히 조화시키는 것이 중요해요. 다른 사람의 기분을 생각하며 글의 특성에 맞는 좋은 글을 써 봐요.

01 칭찬 쪽지 쓰기

 하고 싶은 말을 쉽고 간단히 쓰면 쪽지를 받는 사람이 이해하기 좋아.

 칭찬할 점을 쓰고 그에 대한 내 생각이나 느낌을 구체적으로 적어 줘.

 칭찬할 내용을 부풀리지 않고 있는 그대로 써 줄 거야.

알아 두기 쪽지란 '어떤 내용의 글을 적은 작은 종이쪽'으로, 자신이 하고 싶은 말을 간단하고 쉽게 적은 글을 의미하죠. 칭찬 쪽지는 누군가의 좋은 점이나 행동을 칭찬하고 싶을 때 적는데, 이때 칭찬할 점과 그 일에 관한 생각이나 느낌을 짧게 두세 줄 정도로 써 줄 수 있어요.

연습하기 [1~2] 동만이가 운동회를 마치고 받은 쪽지를 읽고, 물음에 답하세요.

동만이에게

❀ 동만아, 어제 운동회에 열심히 참가하더라. 대단했어. 동만이 최고! – 충익이가
❀ 음료수 나르는데 네가 도와줘서 큰 도움이 됐어. 고마워! – 하나가
❀ 너 달리기 진짜 잘하더라. 네가 열심히 연습한 결과인 것 같아. – 보은이가
❀ 야, 어제 점심에 김밥 진짜 잘 먹더라. 그러니까 살이 찌지. 그만 좀 먹어. – 기상이가
❀ 잘했어. – 승희가

1 친구들이 동만이에게 쓴 쪽지 내용을 표에 정리해 보세요.

친구 이름	칭찬할 점	생각이나 느낌
충익	어제 운동회에 열심히 참가하더라.	대단했어. 동만이 최고!
❶ 하나		
❷ 보은		

92 5단원

2 칭찬 쪽지를 제대로 쓰지 못한 친구의 이름을 쓰고, 기상이의 쪽지처럼 고쳐 보세요.

친구 이름	고쳐 쓴 내용
기상이	어제 점심에 김밥 진짜 잘 먹더라. 네가 먹는 모습에 나도 배가 불렀어. 다음에도 같이 점심 먹자!

[3~4] 다음 칭찬하는 쪽지를 읽고, 물음에 답하세요.

가) ❶ <u>경찰관은 거리에 불편한 일이나 위험한 사건이 발생하면 얼른 출동합니다.</u> ❷ <u>경찰관께서 계시기 때문에 사람들이 동네에서 편안하고 안전하게 생활할 수 있습니다.</u> 경찰관님, 고맙습니다.

나) 부모님께서는 매일 저에게 책을 읽어 주십니다. ❸ _____
_____ 부모님과 함께여서 행복합니다.

3 ❶과 ❷가 글에서 각각 어떤 역할을 하고 있는지 선으로 연결해 보세요.

❶ •　　　　　　　　　　　• ㉠ 칭찬할 점

❷ •　　　　　　　　　　　• ㉡ 그 일에 관한 생각이나 느낌

4 ❸에 들어가야 할 내용을 써 보세요.

➡ _____

힌트! 책을 읽어 주는 것에 대한 고마운 마음이 들어가야겠죠.

직접 써 보기

1 친구의 이름과 칭찬할 점을 떠올려 〈보기〉처럼 표를 완성해 보세요.

> **보기**
> • 친구 이름: 훈배
> • 칭찬할 점: 바이올린 연주를 열심히 하고 노래를 잘 부른다.

❶
• 친구 이름: _____
• 칭찬할 점: _____
_____

❷
• 친구 이름: _____
• 칭찬할 점: _____
_____

2 칭찬 쪽지를 보내고 싶은 친구의 이름과 칭찬할 점에 대한 자기 생각이나 느낌을 〈보기〉처럼 써 보세요.

보기

친구 이름	생각이나 느낌
훈배	나중에 커서 멋진 음악가가 될 것 같다.

❶

친구 이름	생각이나 느낌

❷

친구 이름	생각이나 느낌

3 옆에 정리한 내용을 바탕으로 〈보기〉처럼 친구에게 칭찬 쪽지를 써 보세요.

> 보기
>
> ### 훈배야! 칭찬해!
>
> 지난번 오케스트라 공연 때 보니까 네가 바이올린을 참 열심히 연주하더라. 매일 하는 연습 때문에 너의 연주 실력이 많이 느는 거 같아. 나는 네가 나중에 커서 멋진 음악가가 될 거라고 생각해. 응원할게.
>
> 너의 친구 ○○가

❶ _____ 칭찬해!

❷ _____ 칭찬해!

4 칭찬하고 싶은 일에 대한 내 생각이나 느낌을 구체적으로 적었는지 다시 읽고 확인해 보세요.

02 일기 글감 찾기

 하루에 있었던 일을 모두 적는 것이 아니라 인상 깊었던 일 중 하나를 선택해.

 글감이 안 떠오를 때는 '글감이 안 떠오른다'는 느낌을 그대로 적기도 해.

 일상생활에서 특별하게 느꼈던 감정을 일기에 적을 수도 있어.

알아 두기 일기는 날마다 그날그날 겪은 일이나 생각, 느낌 따위를 적는 개인의 기록이에요. 보통 '하루 동안 겪은 일 중 인상 깊었던 일'에 대한 생각이나 느낌을 써요. 일기를 쓰려면 글감을 찾는 일이 중요해요.

연습하기 [1~2] 은혜의 일과를 보고, 물음에 답하세요.

1 은혜는 무슨 주제로 일기를 쓸지 아래 상자에서 모두 찾아 ○표를 해 보세요.

시간	있었던 일
07:30~8:00	기상
08:00~8:40	씻고 미술관에 갈 준비
09:00~12:10	엄마와 함께 미술관에 감, 피카소의 그림을 감상함
12:10~13:00	집에 와서 점심으로 김치찌개를 먹음
13:00~14:00	친구들과 놀이터에서 놂, 그네 타는 문제로 친구와 다툼
18:00~19:00	저녁 식사 후 달콤한 케이크를 먹음
19:00~21:00	가족 독서 시간을 가짐
21:00~21:30	일기 쓰기
22:00~	꿈나라

⟨미술관에 가서 생긴 일⟩, 피카소 그림에 대한 느낌, 낮잠을 잔 일, 친구와 다툰 일, 케이크를 먹은 이유, 컴퓨터 게임을 한 일, 외출하려고 바쁘게 준비했던 일, 너무 매운 김치찌개, 가족 독서 시간에 읽었던 책

2 일기로 쓸 수 있는 내용 중 하나를 선택하여 일기의 제목을 〈보기〉처럼 써 보세요.

일기로 쓰고 싶은 내용	제목
보기 피카소의 그림을 감상한 일	피카소가 나에게 속삭였다

[3~4] 일기를 읽고, 물음에 답해 보세요

날짜	2000년 5월 18일	날씨	맑았다가 흐려지고 결국 비가 옴
제목			

오후에 놀이터에 놀러 나갔다. 승희가 그네를 타고 있었다. 나도 그네를 타고 싶었지만 꾹 참고 승희가 내려오길 기다렸다. 하지만 시간이 흘러도 승희는 그네에서 떠나지 않았다. 화가 난 나는 승희에게 그네에서 그만 내려오라고 얘기했다.
"내가 그네를 먼저 탔으니까 내 마음이지!"
승희의 말에 기분이 나빠져서 나도 승희에게 심한 말을 했다. 다투고 나니까 내일 학교에서 승희 얼굴을 어떻게 볼지 모르겠다. 기분이 너무 안 좋은 날이었다.

3 일기의 글감이 무엇인지 써 보세요.

➡ _____

4 일기의 제목으로 알맞은 것을 써 보세요.

➡ _____

잠깐만!! 제목과 글감은 밀접하게 관련되어 있어요.

03 일기 쓰기(생각, 느낌 쓰기)

 난 내가 겪었던 일에 관한 생각이나 느낌을 생각나는 대로 자유롭게 적어.

 내 기분만 생각하는 것이 아니라 그 일이 일어났을 때 다른 사람의 기분이 어떤지도 생각해.

 겪은 일을 쓸 때 내가 잘못한 점은 없는지 반성하면서 일기를 써.

알아 두기 일기는 사실만 적기보다는 그에 대한 자기 생각이나 느낌(의견)을 쓰는 것이 중요해요. 누군가에게 보여 주기 위한 글이 아닌 '자신의 글'이기 때문이죠.

연습하기 [1~2] 지우의 일기를 읽고, 물음에 답하세요.

> 가) 학교를 마치고 소현이와 약속이 있었다. 그런데 소현이가 청소하고 오는 바람에 약속 시간에 20분이나 늦었다. 소현이는 나에게 미안하다고 사과했다.
>
> 나) 학교를 마치고 소현이와 약속이 있었다. 그런데 소현이가 약속 시간에 20분이나 늦었다. 무슨 일이 있는 건 아닌지 걱정이 됐다. 그리고 약간 화가 나기도 했다. 소현이는 청소하느라 늦었다고 사과했다. 나에게 진심으로 미안한 것처럼 보였다. 나는 금세 마음이 풀려서 소현이의 사과를 받아들였다. "소현아! 괜찮아."

1 가)와 나) 중 일기로 더 좋은 글은 무엇인지 고르세요.

2 나) 글에서 밑줄 친 "소현아! 괜찮아."처럼 글쓴이의 생각이나 느낌을 나타낸 부분을 모두 찾아 밑줄을 그어 보세요.

3 생각이나 느낌을 나타내는 표현을 모두 찾아 ○표를 해 보세요.

> (편안하다), 차다, 우습다, 활기차다, 공부하다, 대답하다, 마시다, 슬프다, 우울하다,
> 닦다, 공손하다, 가르치다, 친절하다, 행복하다, 자다, 훌륭하다, 불안하다, 먹다,
> 긴장하다, 만나다, 외롭다, 불행하다, 밉다, 깜빡이다, 피곤하다, 즐겁다, 앉다

잠깐만!! 혹시 모르는 낱말이 있으면 국어사전을 찾아서 낱말의 뜻을 알아보고 넘어가요.

4 일기의 글감을 보고 떠오르는 생각이나 느낌을 〈보기〉처럼 써 보세요.

보기

글감	생각이나 느낌
시장에서 엄마와 과일을 산 일	행복하고 즐거웠다.

❶

글감	생각이나 느낌
그네를 먼저 타려고 친구와 싸운 일	

❷

글감	생각이나 느낌
학교에 지각한 일	

직접 써 보기

1 오늘 하루 일어났던 일을 〈보기〉처럼 마인드맵으로 나타내 보세요.

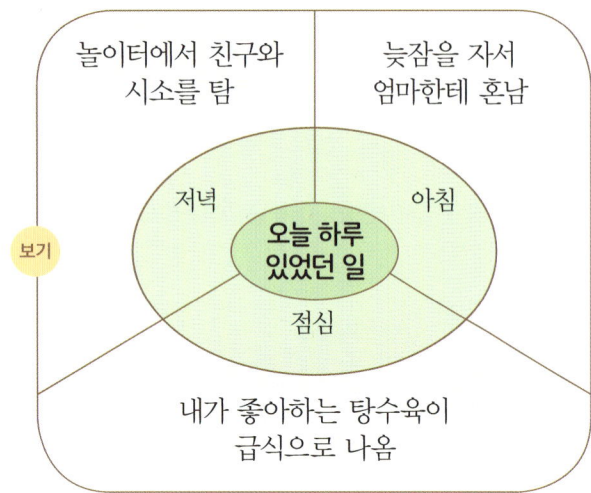
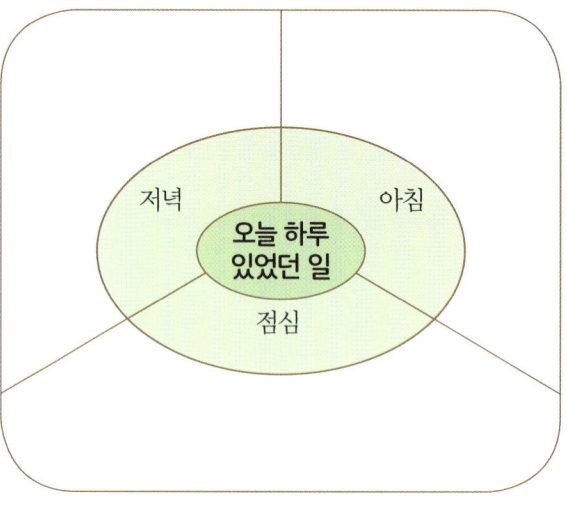

보기

2 위에 적은 일 중 가장 인상 깊었던 일에 대한 자기 생각이나 느낌을 〈보기〉처럼 써 보세요.

보기

인상 깊은 일	내가 좋아하는 탕수육이 급식으로 나옴
생각이나 느낌	탕수육은 내가 제일 좋아하는 음식이다.
	바삭바삭하고 달콤했다.
	많이 먹고 싶었다.
	체하지 않게 꼭꼭 씹어 먹어야겠다.

인상 깊은 일	
생각이나 느낌	

3 옆에 정리한 내용을 바탕으로 〈보기〉처럼 일기를 완성해 보세요.

〈보기〉

날짜	20○○년 4월 6일	날씨	아침부터 구름 얼굴이 보임
제목	바삭바삭 탕수육		

　오늘 내가 좋아하는 탕수육이 급식 반찬으로 나왔다. 탕수육 튀김의 겉은 바삭바삭하고 소스는 달콤했다. 더 많이 먹고 싶었지만 빨리 먹으면 체할 수도 있어서 꼭꼭 씹어 먹었다.

날짜	20 년 월 일	날씨	
제목			

04 편지 종류

 초대 편지에는 초대 목적과 날짜, 시각, 장소를 정확하게 적어 줘야 해.

 편지를 쓰는 까닭에 따라 짧더라도 진심을 담아서 쓰는 게 중요해.

 내 생각만 쓰기보다는 편지를 받는 사람의 처지를 생각하고 쓰는 게 좋아.

알아 두기 편지는 안부, 소식, 해야 할 일 등을 적어 보내는 글을 말해요. 편지는 쓰는 까닭에 따라 그 종류도 달라져요. 생일 초대장처럼 누군가를 초대하는 초대 편지가 있고, 고마움을 전하는 감사 편지, 다른 사람의 소식을 묻는 안부 편지 등이 있어요.

연습하기

1 각각의 내용에 가장 어울리는 편지의 종류를 선으로 연결해 보세요.

| ❶ 시골에 계신 할아버지, 할머니께 쓰는 편지 | ❷ 이번 여름에 결혼하는 이모에게 쓰는 편지 | ❸ 친구에게 책을 빌려주면 고맙겠다고 보내는 편지 | ❹ 생일을 맞아서 친구들에게 보내는 편지 |

| ㉠ 초대 편지 | ㉡ 감사 편지 | ㉢ 안부 편지 | ㉣ 부탁 편지 | ㉤ 사과 편지 | ㉥ 축하 편지 |

| ❺ 어버이날에 부모님께 쓰는 편지 | ❻ 내가 약속 시간에 늦어서 화난 친구에게 보내는 편지 | ❼ 우리 반 반장으로 뽑힌 친구에게 보내는 편지 | ❽ 다른 지역으로 전학 간 친구에게 보내는 편지 |

잠깐만!! 안부: 어떤 사람이 편안하게 잘 지내고 있는지 그렇지 아니한지에 대한 소식. 또는 인사로 그것을 전하거나 묻는 일

2 편지 종류 가운데 자신이 쓰고 싶은 편지의 종류와 그 이유를 〈보기〉처럼 써 보세요.

보기

편지의 종류	이유
사과 편지	얼마 전 친한 친구와 싸웠다. 내가 잘못한 일을 사과하고 싶다.

편지의 종류	이유

3 명훈이와 효가 쓴 편지의 종류를 빈칸에 써 보세요.

❶ 〈명훈이가 전하고 싶은 말〉

　선생님, 항상 음식을 맛있게 해 주셔서 감사합니다. 김치처럼 매운 반찬은 급식으로 안 나오면 좋겠어요. 앞으로 반찬 투정하지 않고 급식에 나오는 반찬을 맛있게 먹을 수 있도록 노력할게요.

❷ 〈효가 전하고 싶은 말〉

　삼촌, 지금 어떻게 지내고 계세요? 삼촌 직장이 지방에 있어서 못 뵌 지 벌써 한참이나 지난 것 같아요. 이번 추석에는 올라오시죠? 오랜만에 만나니까 용돈 좀 많이 주세요.

4 ❷의 편지에 밑줄 그은 부분을 〈보기〉처럼 편지를 쓴 까닭에 맞게 고쳐 써 보세요.

보기　김치처럼 매운 반찬은 급식으로 안 나오면 좋겠어요. ➡ **급식실에서 먹는 점심이 제일 맛있어요.**

➡

05 마음을 전하는 편지 쓰기

 형식에 맞춰서 편지를 쓰면 읽는 사람이 편하게 읽을 수 있을 것 같아.

 보내는 사람과 받는 사람의 위치를 잘 써야 읽는 사람이 헷갈리지 않을 것 같아.

 편지를 쓰는 까닭에 맞게 '전하고 싶은 말'을 구체적으로 적으면 좋을 것 같아.

알아 두기 편지는 보내는 사람과 받는 사람이 있고, 인사말이 들어가요. 또, 받는 사람에게 전하고 싶은 말이 포함되어야 하지요. 이처럼 편지는 일정한 형식을 갖추고 있어요.

연습하기 [1~3] 수미의 편지를 읽고, 질문에 답하세요.

①	하나에게
②	안녕? 하나야, 더운 여름 잘 보내고 있지?
③	지난번에 빌려준 책을 아직 돌려받지 못해서 편지를 썼어. 소중한 책이니까 얼른 읽고 주면 고맙겠어. 부탁할게.
끝인사	가)
④	20○○년 6월 28일
⑤	너의 친구 수미가

1 이 편지를 쓴 이유로 알맞은 것을 고르세요.

㉠ 하나에게 사과하려고 ㉡ 하나에게 고마움을 표현하려고

㉢ 하나에게 부탁하려고 ㉣ 하나의 안부를 물으려고

2 주어진 낱말을 사용해서 표의 빈칸에 각각 알맞은 것을 써 보세요.

> 쓴 사람, 받는 사람, 전하고 싶은 말, 첫인사, 쓴 날짜

❶ _____   ❷ _____   ❸ _____

❹ _____   ❺ _____

3 가)에 들어가면 좋은 끝인사를 써 보세요.

➡ _____

4 각 편지 형식에 맞는 내용을 선으로 연결해 보세요.

❶ 받는 사람 •   • ㉠ 이번 주도 행복한 한 주 보내자. 안녕!

❷ 첫인사   •   • ㉡ 20○○년 8월 17일

❸ 전하고 싶은 말 •   • ㉢ 지난주에 있었던 생일 파티에 초대해 줘서 고마웠어. 덕분에 맛있는 음식 많이 먹고, 재미있는 시간을 보낼 수 있었어.

❹ 끝인사   •   • ㉣ 활달하고 명랑한 재석이에게

❺ 쓴 날짜   •   • ㉤ 재석아, 안녕? 오늘 학교에는 잘 다녀왔니?

❻ 쓴 사람   •   • ㉥ 고마운 마음을 전하며 준하가

직접 써 보기

1 자신이 편지를 보내고 싶은 사람을 떠올리며 〈보기〉처럼 받는 사람, 쓴 이유, 종류를 써 보세요.

보기

받는 사람	편지 쓴 이유	편지 종류
의사 선생님	감기에 걸렸을 때 친절히 치료해 주셨다.	감사 편지

받는 사람	편지 쓴 이유	편지 종류

2 편지의 형식에 맞춰서 쓸 내용을 〈보기〉처럼 간단히 정리해 보세요.

	보기	나
받는 사람	의사 선생님	
첫인사	자기소개 및 안부 인사	
전하고 싶은 말	감기에 걸렸을 때 친절하게 치료해 주셔서 감사하다는 말	
끝인사	고맙다는 말	
쓴 날짜	20○○년 6월 16일	
쓴 사람	한별 올림	

잠깐만!! 받는 사람이 윗사람이면 쓴 사람 이름 뒤에 '올림'이란 말을 붙여야 해요.

3 옆에 정리한 내용을 바탕으로 〈보기〉처럼 편지를 완성해 보세요.

> 보기
>
> 의사 선생님께
>
> 의사 선생님, 안녕하세요? 저는 지난번에 희망병원에서 치료받았던 2학년 한별이에요.
>
> 감기에 걸렸을 때 의사 선생님께서 친절히 진찰해 주셔서 감사했습니다.
>
> 다음번에는 몸 건강히 인사드리겠습니다. 고맙습니다.
>
> 20○○년 6월 16일
> 한별 올림

잠깐만!! 받는 사람이 친구나 아랫사람이면 '~에게'라고 쓰고, 윗사람이면 '~께'라는 말을 붙여 써요.

4 위의 편지를 다시 읽고, 들어가야 할 내용 중 빠진 것은 없는지 확인해 보세요.

06 생활문 쓰기

 시간을 나타내는 말을 사용하면 읽는 사람이 일이 일어난 차례를 정확히 알 수 있어.

 일이 일어난 차례대로 글을 쓰면 글을 읽는 사람이 글을 쉽게 이해할 수 있어.

 일이 일어난 차례대로 이야기를 쓰면 겪은 일을 머릿속에 체계적으로 정리할 수 있어.

알아 두기 생활문은 '일상생활에서 일어난 이야기를 적은 글'을 말해요. 재미있었던 경험을 쓰려면 일이 일어난 차례대로 글을 쓰면 좋은데, 차례대로 글을 쓰려면 '시간을 나타내는 말'을 알아야 해요. '아침, 점심, 저녁'이나 '초, 분, 시', '월, 해' 등 여러 가지 시간을 나타내는 말이 있어요.

연습하기

1 문장을 읽고, 글의 흐름에 맞게 일어난 순서대로 빈칸에 번호를 써 보세요.

①
- ㉠ 나는 신발장 앞에 앉아서 장화를 신었다.
- ㉡ 비가 주룩주룩 내렸다.
- ㉢ 집 밖에 나와서 우산을 폈다.
- ㉣ 이제 학교까지 천천히 걸어갈 것이다.

(㉡ ➡   ➡   ➡   )

②
- ㉠ 3월 내 생일에 아빠가 자전거를 선물로 사 주셨다.
- ㉡ 어제 처음으로 자전거를 타고 혼자서 공원을 한 바퀴 돌았다.
- ㉢ 4월 내내 아빠와 공원에 나가서 자전거 타는 연습을 했다.
- ㉣ 내일은 자전거를 타고 공원 두 바퀴를 돌 수 있으면 좋겠다.

(㉠ ➡   ➡   ➡   )

3
㉠ 점심이 되어서 가족과 함께 김밥을 맛있게 먹었습니다.
㉡ 아침부터 가족 모두가 함께 김밥을 쌌습니다.
㉢ 왜냐하면 오늘은 학교에서 운동회가 열리는 날이기 때문입니다.
㉣ 학교에 가서 오전에는 열심히 게임에 참여하고 우리 팀을 응원했습니다.

(㉡ ➡   ➡   ➡   )

[2~3] 하늘이가 쓴 글을 읽고, 물음에 답하세요.

○오늘○은 오케스트라 연주회가 있는 날이다. 나는 작년부터 학교 오케스트라에서 바이올린을 맡았다. 바이올린을 열심히 연습했는데 오늘 연주회에서 내가 잘할 수 있을지 걱정됐다. 아이들이 등교하는 8시 30분부터 8시 50분까지 교단 앞에서 연주했고, 연주회가 끝났을 때 반 친구들이 우레와 같은 박수를 쳐 줬다. 감동해서 눈물이 찔끔 났다. 내일부터는 더 열심히 바이올린 연습을 해야겠다.

2 위의 글에서 시간을 나타내는 말을 모두 찾아 ○표를 해 보세요.

3 하늘이가 쓴 글을 시간을 나타내는 말에 맞춰 표로 완성해 보세요.

작년	오케스트라에서 바이올린을 맡음	
오늘		교단 앞에서 연주함
내일		

직접 써 보기

1 〈보기〉처럼 여름 방학 경험을 표로 정리해 보세요.

보기

언제	8월 3일	어디에서	제주도 함덕해수욕장
누구와	작은아버지 가족과	한 일	모래성 만들기
있었던 일 (차례대로)	작은아버지 가족과 함께 제주도로 휴가를 감		
	함덕해수욕장에서 해수욕을 즐기고 멋진 모래성을 만듦		
	모래사장에서 온종일 놀았더니 까맣게 탐		
생각이나 느낌	즐거웠다, 행복했다, 또 가고 싶다		

언제		어디에서	
누구와		한 일	

있었던 일 (차례대로)	
생각이나 느낌	

2 위에 정리한 내용을 바탕으로 〈보기〉처럼 글을 써 보세요.

보기

제목: 여름 방학의 추억

여름 방학에 나는 작은아버지 가족과 함께 제주도 함덕해수욕장으로 휴가를 갔다. 우리는 함덕해수욕장에서 해수욕을 즐기고, 모래성도 만들었다. 여름 방학 제주도에서의 휴가는 정말 즐거웠다. 나중에 기회가 된다면 다시 한번 가고 싶다.

6단원

장르 및 목적에 따라 글쓰기 (2)

이것을 배워요!

쓰기에는 여러 가지 목적이 있어요. 그중에서도 정보 전달을 목적으로 하는 설명하기와 설득은 쓰기의 두 축이라고 할 수 있죠. '설명하는 글'이란 어떤 일이나 대상의 내용을 상대편이 잘 알 수 있도록 쉽게 풀어 쓴 글을 말하고, '설득하는 글'이란 다른 사람이 이쪽 편의 생각을 따르도록 여러 가지 근거를 들어 쓴 글을 말해요.

이번 단원에서는 설명하는 글과 설득하는 글을 쓰는 방법을 간단히 알아볼 거예요.

01 설명하는 글 알기

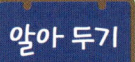 설명하는 글은 우리 주변에서 다양하게 볼 수 있어요. TV나 청소기를 샀을 때 주는 사용 설명서나 약을 살 때 그 효능이나 주의사항을 적은 글이 있죠. 또, 학교에서 지켜야 할 규칙을 선생님께서 설명하기도 하고, 정리해서 교실 게시판에 붙이기도 하지요. 설명하는 글을 쓸 때는 무엇보다 설명하는 것에 대해 자신이 충분히, 자세하게 알고 있어야 해요.

연습하기

1 다음 중 '설명하는 글'을 고르세요.

㉠ "주아야, 학교 가자!" 아침부터 형일이는 주아네 집 앞에서 큰 소리로 외쳤다. "형일이 왔구나. 밥은 먹었니?" 주아 엄마는 형일이를 반갑게 맞아 주셨다.

㉡ 옥정이에게
　옥정아, 여름 방학은 잘 지내고 있니? 나는 이번에 제주도에 와서 바닷가에서 신나게 놀았어. 어서 개학해서 만나면 좋겠다.　　　　　　　　　　　－ 너의 친구 효가

㉢ 　제 필통에는 한 개의 지우개와 자, 다섯 자루의 연필, 두 개의 볼펜이 들어 있습니다. 다섯 자루의 연필은 모두 노란색이지만 길이가 각각 다릅니다. 볼펜은 빨간색과 파란색이 나오는 것으로 한 자루씩 가지고 있습니다.

㉣ 공주: 왕자님, 제가 늦었나요?
왕자: 오, 공주! 늦지 않아서 다행입니다. 아주머니께서 막 화내시려고 했습니다.
공주: 떡볶이 값이 없었다니 큰일 날 뻔했어요. 죄송해요. 여기 있어요.

㉤ 　교실에서 조용히 하자. 교실에는 여러 명의 아이가 있어서 조금만 떠들어도 선생님 목소리가 들리지 않는다. 시끄럽게 떠들지 않고 선생님 말씀을 잘 들으면 교실에서 사고가 날 가능성도 줄어든다.

> **잠깐만!!** 설명하는 글은 자신이 알고 있는 정보를 다른 사람에게 전달하기 위해 설명하려는 대상의 '색깔, 모양, 쓰임, 크기' 등을 적은 글을 말해요.

2 아이의 말을 읽고, 설명하는 글을 써야 하는 이유로 알맞은 것을 선으로 연결해 보세요.

❶ 이번에 잃어버린 모자를 찾고 싶어.

❷ 보드게임을 못하는 친구를 어떻게 돕지?

❸ 강아지한테 먹이를 함부로 주면 안 되는데…….

㉠ 상대가 게임 규칙을 쉽게 이해하게 하고 싶은 경우

㉡ 주의사항을 전달하고 싶은 경우

㉢ 잃어버린 물건의 특징을 설명하는 경우

3 다음을 읽고, 무엇을 설명하는 글인지 빈칸에 써 보세요.

❶ 　저는 눈이 많이 나빠졌습니다. 그래서 이것이 필요합니다. 이것은 다양한 모양을 하고 있습니다. 귀에 걸 수 있는 걸이와 함께 모양에 따라 동그랗거나 네모난 여러 가지 형태의 유리알이 들어갑니다. 눈이 나빠졌을 때 이것을 쓰는데, 우리 집에도 두 명이나 이것을 사용합니다.

❷ 　우리 학교에 가려면 집에서 나와서 청청마트 쪽으로 걸어갑니다. 청청마트에서 횡단보도 건너 보이는 둥그레 빵집 오른쪽 길로 5분 정도 걷습니다. 쭉 가다 보면 하늘하늘 의상실이 나오는데, 그 왼쪽에 사람 초등학교 교문이 보일 것입니다.

02 설명하는 글 쓰기

알아 두기

설명하는 글을 쓸 때는 다음의 규칙을 지켜 쓰세요.
① 객관적인 사실 위주로 쓴다.
　예) 의자: 내가 좋아하는 것(느낌), 우리가 앉아서 공부하거나 쉴 수 있는 가구(사실)
② 자료에 대한 정보가 정확한 정보인지 확인하는 과정을 반드시 거친다.
③ 어렵고 전문적인 용어가 아니라 쉽게 이해할 수 있는 낱말로 쓴다.

연습하기 [1~2] 글을 읽고, 물음에 답하세요.

> 가) 대한민국은 여러 행정 구역으로 구분됩니다. 그중에서 6개 광역시와 8도를 알아보겠습니다. 6개 광역시는 인천광역시, 대전광역시, 광주광역시, 대구광역시, 울산광역시, 부산광역시가 있습니다. 8도는 경기도, 충청북도, 충청남도, 전라북도, 전라남도, 강원도, 경상북도, 경상남도가 있습니다.
>
> 나) 대한민국은 여러 행정 구역으로 구분됩니다. ❶ 전라도는 섬이 많아서 너무 좋습니다. ❷ 두 개의 특별시는 서울특별시와 부산특별시가 있습니다. ❸ 도와 특별자치도는 광범위한 행정 구역이고, 도청은 그중에서도 특정 소재 지역에 설치되어 있습니다.

1 가)와 나)의 글은 무엇을 설명하는 글인지 아래에서 찾아 ○표를 해 보세요.

> 대한민국의 섬, 대한민국의 행정 구역, 지역의 특산물,
> 대한민국 광역시 이름, 대한민국 도 이름, 서울의 특징

2 ❶, ❷, ❸이 설명하는 글에 적합하지 않은 이유를 찾아 선으로 연결해 보세요.

❶ ・　　　　　・ ㉠ 정확한 자료를 사용하지 않았습니다.

❷ ・　　　　　・ ㉡ 너무 어렵고 전문적인 용어를 사용하였습니다.

❸ ・　　　　　・ ㉢ 객관적인 사실이 아니라 자기 생각을 적었습니다.

3 〈보기〉처럼 글에서 알맞지 않은 부분을 찾아 취소선을 긋고, 올바르게 고쳐 써 보세요.

보기

제가 소개하고 싶은 친구는 이현우입니다. 현우는 키가 크고 노래를 잘합니다. ~~저는 현우보다 재경이를 더 좋아합니다.~~ 현우는 여동생이 한 명 있고, 커서 비행사가 되는 것이 꿈입니다.

*객관적인 사실이 아닌 자기 생각을 적었습니다.
➡ 현우는 얼굴이 둥글고, 안경을 씁니다.

① 우리 집에는 다양한 책이 있습니다. 〈해리포터〉, 〈반지의 제왕〉 같은 판타지 소설이 있습니다. 또, 〈겨울왕국〉, 〈책 먹는 여우〉 같은 그림 동화도 있습니다. 혼자 공부하는 R 데이터 분석, 객체지향의 사실과 오해 같은 프로그래밍 언어와 관련된 책도 있습니다.

*너무 어렵고 전문적인 용어를 사용하였습니다.
➡

② 우리나라에는 산이 많습니다. 대표적으로 한라산과 지리산, 설악산, 북한산, 불암산 등이 있습니다. 이 중 가장 높은 산은 설악산입니다. 그다음으로 높은 산은 불암산입니다.

*정확한 자료를 사용하지 않았습니다.
➡

③ 접시를 설거지하는 방법을 알아보겠습니다. 먼저 손에 고무장갑을 낍니다. 그러고 난 후, 접시에 남아 있는 음식물을 버립니다. 수세미에 세제를 어느 정도 묻힙니다. 설거지하면 컴퓨터 게임을 못합니다. 마지막으로 따뜻한 물로 접시를 헹구면 설거지가 마무리됩니다.

*글과 관련 없는 내용을 적었습니다.
➡

03 그림 보고 설명하기

 그림에서 설명하고 싶은 것을 확실히 결정해야 해.

 설명하고 싶은 대상의 특징을 자세하게 조사해.

 읽는 사람이 궁금해하는 내용을 간단하고 명료하게 적어.

알아 두기 그림을 보고 그 내용에 관해서 설명하는 글을 쓰려면 먼저 그림에서 설명하고 싶은 것을 하나 정해요. 다음으로 그것을 쉽게 설명할 수 있는 특징을 찾아서 글을 작성하면 좋은 글을 쓸 수 있어요.

연습하기 [1~2] 그림을 보고, 물음에 답하세요.

1 영도는 자신이 잃어버린 물건을 찾고 있어요. 설명을 읽고, 그림에서 올바른 물건을 찾아 ○표를 해 보세요.

나는 엄마한테 생일 선물로 받은 모자를 잃어버렸어. 정말 소중한 모자니까 꼭 찾았으면 좋겠어. 모자는 파란색이야. 그리고 공룡이 그려져 있어. 보면 꼭 말해 주길 바라.

2 그림에서 설명하고 싶은 것과 그 특징을 주어진 것처럼 표의 빈칸에 써 보세요.

설명하고 싶은 것	특징	설명하고 싶은 것	특징
연필	지우개가 달려 있음. 파란색		

3 아이들의 설명을 읽고, 그림의 빈칸에 해당하는 아이들의 번호를 써 보세요.

 ❶ 스키장에서 높은 곳으로 올라갈 때 이용해. 보통 2~3명이 함께 타지. 선에 걸려 있는 기구처럼 느껴지기 때문에 처음에 타면 좀 무서워.

 ❷ 나는 지금 선생님께 스키를 배우고 있어. 스키를 배우는 게 처음이라 어려워하고 있어. 엉덩방아를 여러 번 찧기도 했어.

 ❸ 스키장에서는 눈썰매를 탈 수도 있어. 아빠와 함께 타니까 무게가 나가 속도가 아주 빨라졌어. 좀 무섭기도 하지만 스릴 만점이지.

 ❹ 나는 오랫동안 스키를 탔어. 그래서 이번에는 스노보드를 타고 있지. 멋지게 고글을 쓰고 내려오고 있는 게 나야. 사람들을 요리조리 피하며 쏜살같이 내려오고 있어.

직접 써 보기 [1~2] 약도를 보고, 물음에 답하세요.

1 '사람 초등학교에서 다른 장소까지 가는 길'을 설명하려고 합니다. 설명하고 싶은 두 곳을 결정하고, 위치의 특징을 〈보기〉처럼 써 보세요.

보기

설명하고 싶은 대상	위치의 특징
화장품 가게	꽃집 오른쪽, 지하철역 맞은편, 편의점 위쪽

❶
설명하고 싶은 대상	위치의 특징

❷
설명하고 싶은 대상	위치의 특징

2 옆에 적은 내용을 토대로 〈보기〉처럼 '사람 초등학교에서 다른 장소까지 가는 길'을 설명하는 글을 써 보세요.

> 보기
>
> 사람 초등학교에서 나와서 꽃집이 있는 쪽으로 걸어갑니다. 그러고 나서 라면집이 보이면 오른쪽으로 길을 꺾습니다. 거기에서 지하철역 쪽으로 조금 걸어가면 오른쪽에 화장품 가게가 보입니다.

❶

❷

잠깐만!! 길을 설명하는 글을 쓸 때는 설명하려는 대상을 결정하고 위치의 특징을 구체적으로 적어 줘요.

3 바르게 설명했는지 쓴 글을 토대로 약도에서 길을 이어 보세요.

04 주변 물건 소개하기

소개할 물건을 정하고, 설명하고 싶은 까닭을 생각해서 써.

물건의 모양, 크기, 색깔, 쓰임 등을 자세히 설명해서 쓰면 좋아.

내가 궁금한 내용을 쓰는 게 아니라 친구들이 궁금해하는 내용을 쓰려고 노력해.

알아 두기 다른 사람이 이해하기 쉽게 물건을 소개하려면 그 물건이 가지고 있는 독특한 특징을 구체적으로 쓰는 것이 중요해요. 독특한 특징이라고 하면 물건의 '색깔과 모양, 쓰임이나 크기' 등을 이야기해요.

연습하기 [1~2] 교실 그림을 보고, 물음에 답하세요.

1 각 번호에 맞는 물건의 모양과 크기, 색깔과 쓰임을 생각해서 선으로 연결해 보세요.

		모양	사각형	색깔	흰색
①	㉠	크기	아주 크다	쓰임	선생님께서 설명할 때 씀

		모양	상자 모양	색깔	검은색
②	㉡	크기	칠판보다 작다	쓰임	영상을 볼 때 씀

		모양	탁자와 비슷	색깔	흐린 갈색
③	㉢	크기	의자보다 크다	쓰임	학생이 공부할 때 씀

		모양	직사각형	색깔	흐린 갈색
④	㉣	크기	TV보다 작다	쓰임	알릴 내용을 붙임

2 그림에 나온 물건에 대해 친구들이 궁금해하는 내용을 말했어요. 각 친구가 질문한 것의 주제를 〈보기〉에서 찾아 쓰세요.

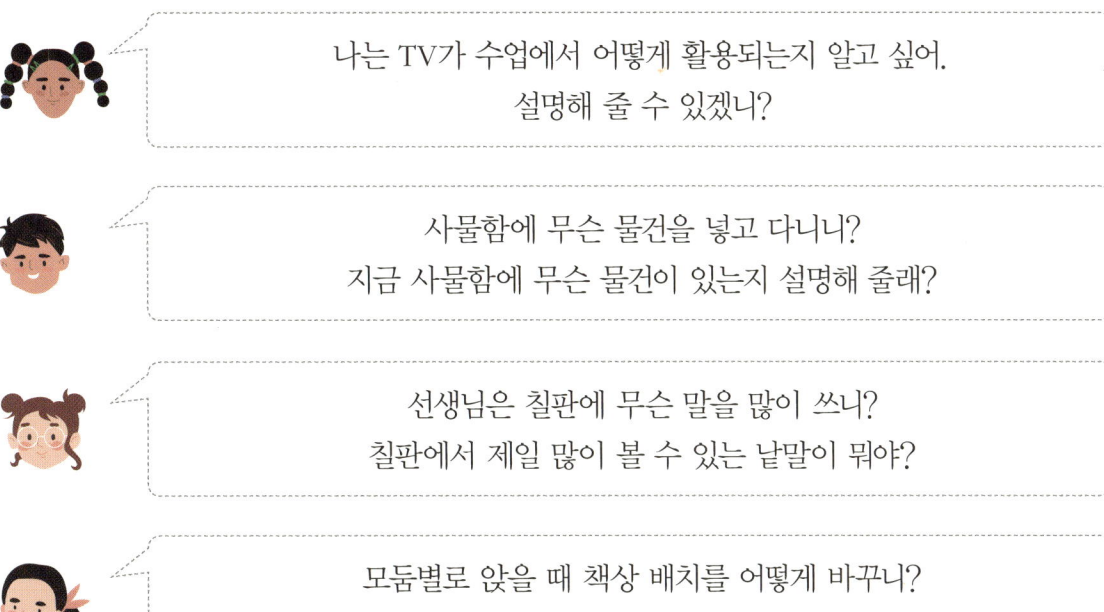

보기: 수업에서 TV를 활용하는 방법, 선생님이 칠판에 가장 많이 쓰는 낱말, 사물함에 들어 있는 물건, 모둠별로 앉을 때의 책상 배치

직접 써 보기

1 설명하고 싶은 물건의 모양이나 크기, 색깔, 쓰임 등을 생각해서 〈보기〉처럼 자세히 그려 보세요.

보기

2 위에서 그린 그림을 토대로 소개하고 싶은 물건의 모양, 크기, 색깔, 쓰임을 〈보기〉처럼 써 보세요.

보기

모양	원 모양	색깔	바깥쪽은 갈색, 안쪽은 흰색
크기	8절지 크기	쓰임	시간을 확인할 수 있음

모양		색깔	
크기		쓰임	

124 6단원

3 모양, 크기, 색깔, 쓰임 외에 '친구들이 궁금해할 만한 내용'이나 '물건을 소개하고 싶은 까닭'을 생각해서 〈보기〉처럼 간단히 써 보세요.

> 보기
> 친구들은 시계가 왜 필요한지 궁금할 것 같다.

4 앞에서 정리한 내용을 바탕으로 〈보기〉처럼 주변의 물건을 소개하는 글을 써 보세요.

> 보기
> 교실에 걸려 있는 시계는 원 모양이고, 8절지 크기입니다. 그리고 시계의 바깥쪽은 갈색이고, 안쪽은 흰색으로 반 아이들 모두가 잘 볼 수 있습니다. 이 시계를 통해서 우리 반 아이들은 수업이 시작하는 시간과 끝나는 시간을 알고, 수업을 미리 준비합니다.

5 물건의 특징을 구체적으로 썼는지 위에 쓴 글을 다시 읽고 확인해 보세요.

05 설득하는 글 알기

알아 두기 설득하는 글은 자기 생각을 다른 사람에게 전달해서 그 사람이 자신의 의견을 따르도록 하는 글이에요. 앞에서도 배웠듯이 '의견'은 사람에 따라 달라서 일상생활에서 다른 사람을 설득해야 하는 경우가 많이 발생하죠. 설득을 위해서는 자기 의견에 대한 적절한 이유나 근거를 대야 해요.

연습하기

1 다음 중 '설득하는 글'을 고르세요.

㉠ 어제저녁부터 나는 몸이 안 좋았다. 아침에 일어나니 몸이 불덩어리같이 뜨거웠고, 목도 아팠다. 학교에 가지 못할 것 같았다. 엄마는 병원부터 가자고 말했다.

㉡ 감기의 증상에는 여러 가지가 있습니다. 첫 번째로 콧물과 코 막힘입니다. 둘째로 재채기나 기침이 납니다. 마지막으로 열이 나고 머리가 아픕니다.

㉢ "현정아, 어서 옷 입어."
"나 아파서 아무것도 하기 싫어."
"아프면 병원부터 가야 빨리 나아. 병원만 갔다가 누워 있으면 되니까 조금만 기운 내."
"아, 정말 일어설 힘이 하나도 없어."

㉣ 아플 때는 병원에 빨리 가야 합니다. 아프다고 가만히 누워 있으면 병이 더 나빠질 수 있습니다. 힘이 없더라도 조금만 기운을 차려 병원에 가서 치료를 받으면 몸이 빠르게 회복될 수 있습니다.

㉤ 민수: 현정아, 아침에 매우 아팠다며? 괜찮은 거야? 많이 걱정돼. 연락해 주렴.
현정: 민수야, 걱정해 줘서 고마워. 많이 나아졌어. 내일은 건강하게 학교에 나갈게.

2 아이의 말을 읽고, 설득하는 글을 써야 하는 이유로 알맞은 것을 선으로 연결해 보세요.

3 다음을 읽고, 설득하는 글의 '주장'이 무엇인지 빈칸에 써 보세요.

① 　　책을 읽고 독서 감상문을 씁시다. 독서 감상문을 쓰면 책에 대한 자신의 생각과 느낌을 남길 수 있습니다. 그리고 독서 감상문을 쓰면서 책의 내용을 다시 한번 떠올릴 수 있습니다.

② 　　친구들이 교실에 쓰레기를 함부로 버려서 교실 안이 지저분합니다. 또, 아이들이 교실에서 뛰면 먼지가 많아져서 교실에서 숨을 쉴 수가 없습니다. 그러므로 앞으로 교실 청소를 깨끗이 해야 합니다.

잠깐만!! '주장'이란 '어떤 문제에 대한 자신의 의견(생각)을 내세우는 것'을 말해요.

06 설득하는 글 쓰기

알아 두기

설득하는 글을 쓸 때는 다음의 규칙을 지켜서 쓰세요.
① 주장을 명료하고 명확하게 쓴다.
　　예) 교통 규칙을 잘 지키면 좋지만 교통 규칙을 안 지켜도 괜찮은 것 같다. (주장 X)
　　　　교통 규칙을 잘 지키자! (주장 O)
② 주장을 하게 된 이유를 밝힌다.
③ 이유가 옳아야 하고, 사실을 위주로 쓴다.

연습하기 [1~2] 글을 읽고, 물음에 답하세요.

가) ❶ 쓰레기는 함부로 버려도 괜찮지 않을까라고 혼자 생각했습니다. ❷ 폴리머(고분자 물질)만이 화학적 특징 때문에 실제 생분해될 수 있습니다. ❸ 또, 다른 사람들도 길에 쓰레기를 버려도 괜찮다고 생각하는 것 같습니다.

나) 쓰레기를 함부로 버리지 마세요! 쓰레기를 함부로 버리면 냄새가 나고 더럽습니다. 썩지 않는 쓰레기를 쓰레기통에 버리면 처리가 어렵기 때문에 결국 세상은 쓰레기로 가득 차게 될 것입니다.

1 ❶, ❷, ❸이 설득하는 글에 적합하지 않은 이유를 찾아 선으로 연결해 보세요.

❶ •　　　　　• ㉠　| 근거로 사실이 아닌 자기 생각을 썼습니다. |

❷ •　　　　　• ㉡　| 너무 어려운 용어를 사용해서 썼습니다. |

❸ •　　　　　• ㉢　| 주장을 명확하게 적지 않았습니다. |

2 나) 글의 주장으로 올바른 문장을 찾아 밑줄을 그어 보세요.

3 〈보기〉처럼 설득하는 글에서 알맞지 않은 부분을 찾아 취소선을 긋고, 올바르게 고쳐 써 보세요.

보기

~~자연을 보호해야 될까라는 생각을 가지게 되었습니다.~~ 왜냐하면 자연은 우리에게 여러 가지 도움을 주기 때문입니다. 자연은 우리와 떼려야 뗄 수 없으므로 자연이 파괴되면 우리는 지구에 더 이상 살 수 없습니다.

*주장이 명확하지 않습니다.
➡ 자연을 보호합시다.

❶ 교통질서를 잘 지키자. 교통질서를 잘 지키면 지금보다 차가 막히는 일이 줄어들 것이다. 또, 차끼리 빵빵대지 않아서 조용한 거리가 될 수 있다. 마지막으로 교실에서 규칙을 잘 지켜야 한다.

*주장에 알맞은 이유가 아닙니다.
➡

❷ 책을 많이 읽읍시다. 책을 읽으면 우리가 꼭 알아야 할 교양을 쌓을 수 있습니다. 세상에 재미없는 책은 없는 것 같습니다. 그리고 독서를 통해 여러 가지 낱말의 뜻을 깨닫게 됩니다.

*주장의 이유로 사실이 아닌 자기 생각을 적었습니다.
➡

❸ 인터넷 게시판이나 SNS를 통해 입에 담지 못할 욕이 우리에게 널리 퍼져 있습니다. 이러한 욕을 들으면 기분이 좋지 않을뿐더러 상대방과 좋은 감정을 가지기 어렵습니다. 친구에게 하는 욕은 때로는 친근감의 표시입니다. 그러므로 욕을 쓰지 맙시다.

*주장에 알맞은 이유가 아닙니다.
➡

07 자기 의견 나타내기

 주장하는 내용을 알맞은 길이의 문장으로 명확하게 써야 해.

 주장을 뒷받침할 내용을 조사해서 정확하게 쓰려고 노력해.

 실생활에서 내가 말한 내용을 지키고 있는지 생각하며 내 의견을 적어.

알아 두기 설득하는 글을 쓸 때는 어떤 문제에 대해서 자신의 의견을 나타내고, 이에 대한 적절한 근거를 조사해요. 아무 이유 없이 자기 생각만 주장하거나 명확하지 않은 이유를 든다면 다른 사람을 설득할 수 없어요. 설득하는 글을 쓸 때 중요한 것은 자신이 주장하는 내용을 생활 속에서 잘 지키고 있는지 생각하고, 진실한 글을 쓰는 거예요.

연습하기 [1~3] 점심시간의 급식실 모습이에요. 그림을 보고, 물음에 답하세요.

1 그림에서처럼 급식실에서 밥을 먹으면서 떠드는 친구를 보면 어떤 생각이나 기분이 들었는지 간단히 써 보세요.

➡ 시끄러웠다. 음식이 튀어서 지저분했다.

2 남자아이는 가)에서 어떤 주장을 할 수 있을까요?

➡

3 가)에서 할 수 있는 주장을 뒷받침할 만한 이유로 알맞을 것을 모두 고르세요.

㉠ 급식실은 많은 사람이 밥을 먹는 곳이므로 조금만 떠들어도 소란스러워집니다.

㉡ 밥을 먹으면서 말을 하면 입안의 음식물이 다른 사람에게 튈 수 있어서 조심해야 합니다.

㉢ 급식을 만드는 비용은 매우 비싸서 다 먹지 않으면 학교에 손해를 입힐 수 있습니다.

㉣ 전국에 급식을 못 먹는 학생의 비율이 0% 정도로 모든 아이가 급식을 먹고 있습니다.

[4~5] 광고를 보고, 물음에 답하세요.

4 두 친구의 말을 읽고, 자신이 더 공감하는 친구를 고르세요.

㉠ 스마트폰을 갖고 가장 많이 하는 게 게임이나 영상 시청 아니야? 그러니까 스마트폰을 하면 게임이나 영상 시청에 중독될 수도 있는 거지.

㉡ 스마트폰을 산다고 다 중독이 되니? 사전도 찾고, 길도 찾을 수 있어. 또, 친구들과 연락도 편하고 얼마나 좋니?

5 왼쪽의 그림은 스마트폰을 산 효규예요. 효규에게 해 줄 말을 써 보세요.

직접 써 보기 1 [1~7] 질문에 차례대로 답하며 자기 의견을 써 보세요.

1 교실에서 자리를 바꿨던 경험을 떠올려서 〈보기〉처럼 간단히 써 보세요.

> **보기** 교실에서 자리를 제비뽑기로 바꾼 적이 있습니다.

2 자리를 바꿨을 때 들었던 기분이나 생각을 〈보기〉처럼 써 보세요.

> **보기** 같이 앉고 싶었던 짝이 있었는데 같이 못 앉아서 속상했다.
> 제비뽑기가 공정한 것 같다.

3 자신이라면 자리를 어떤 방법으로 바꾸고 싶은지 〈보기〉처럼 주장과 그 이유를 간단히 써 보세요.

> **보기**
>
> | 주장 | 자리는 제비뽑기로 뽑는 게 좋은 것 같습니다. |
> |---|---|
> | 이유 | – 공정하다.
– 아이들의 불만이 적다. |

주장	
이유	

4 주장에 대한 이유가 적절한지 생각해 보고, 더 조사할 내용은 없는지 살펴보세요.

5 앞서 정리한 내용을 바탕으로 〈보기〉처럼 '교실에서 자리 바꾸기'에 대해 설득하는 글을 써 보세요.

> 보기
>
> 교실에서 자리를 바꿀 때 제비뽑기를 사용하는 것이 좋습니다. 제비뽑기로 자리를 뽑으면 아이들의 불만이 적습니다. 자리를 바꿀 때 누구나 친한 친구와 앉고 싶어서 인기 없는 친구는 마음에 상처를 입습니다. 자리를 뽑는 것이 인기 투표가 되지 않도록 제비뽑기로 정해야 할 것입니다.

6 글을 다시 읽으며 주장이 뚜렷하고 정확한지 생각해 보세요.

7 의견에 대한 이유가 적절한지 생각해 보세요.

직접 써 보기 2 [1~7] 질문에 차례대로 답하며 자기 의견을 써 보세요.

1 책을 읽고 독서 감상문을 썼던 경험을 떠올려서 〈보기〉처럼 간단히 써 보세요.

> 보기: 우리 반은 매주 두 편의 독서 감상문을 써서 숙제로 제출합니다.

2 독서 감상문을 쓸 때 들었던 기분이나 생각을 〈보기〉처럼 써 보세요.

> 보기: 쓸 내용이 없는데 독서 감상문을 쓰라고 해서 난감했다.
> 책을 잘 이해할 수 있어서 괜찮았다.

3 책을 읽고 독서 감상문을 쓰는 것에 대해서 어떻게 생각하는지 〈보기〉처럼 자신의 주장과 그 이유를 간단히 써 보세요.

보기

주장	책을 읽고 독서 감상문을 자유롭게 써야 한다.
이유	– 강제로 하면 쓰기가 싫다. – 독서 감상문을 쓴다고 꼭 좋은 것은 아니다.

주장	
이유	

4 주장에 대한 이유가 적절한지 생각해 보고, 더 조사할 내용은 없는지 살펴보세요.

5 앞서 정리한 내용을 바탕으로 〈보기〉처럼 '책을 읽고 독서 감상문을 꼭 써야 할까?'에 대해 설득하는 글을 써 보세요.

> 보기
>
> 독서 감상문은 자유롭게 써야 합니다. 강제로 쓰는 것보다 자유롭게 쓸 때 쓸 내용이 많습니다. 그리고 독서 감상문을 쓴다고 꼭 좋은 것은 아닙니다. 독서 감상문을 마지못해 쓰는 것보다 그 시간에 책을 한 권 더 읽는 것이 공부나 생활에 더 도움이 됩니다. 그러므로 독서 감상문을 자유롭게 쓸 수 있도록 학교에서 권장해야 할 것입니다.

6 글을 다시 읽으며 주장이 뚜렷하고 정확한지 생각해 보세요.

7 의견에 대한 이유가 적절한지 생각해 보세요.

7단원

여러 가지 글 익히기

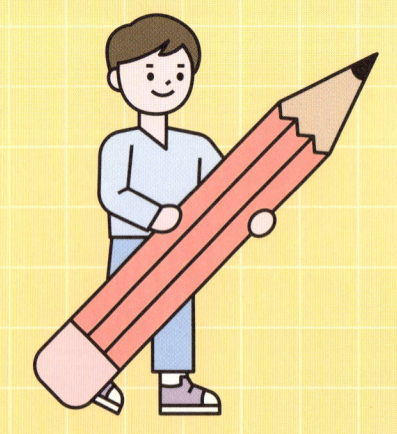

이것을 배워요!

1단계에서 어떤 글을 쓸지 생각을 떠올리고, 내용을 조직하는 방법으로 '그림 그리기'와 '마인드맵'을 배웠어요. 여기서는 내용 생성의 새로운 방법으로 '브레인스토밍(brainstorming)'을 배우고, '그림 그리기'와 '마인드맵'을 복습할 거예요. 다음으로 '브레인스토밍, 그림 그리기, 마인드맵' 등을 활용해서 '독서 감상문 쓰기'와 '교과별 글쓰기'를 해 봐요.

01 브레인스토밍

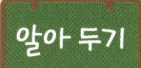 글을 쓰려면 쓸 내용이 머릿속에 떠올라야 해요. 하지만 쓸 내용이 떠오르지 않을 때는 어떻게 해야 할까요? 이때 쓸 수 있는 방법 중 가장 널리 알려진 방법이 바로 '브레인스토밍'이에요. 하얀 백지에 주제와 관련하여 생각나는 내용을 모두 써 보는 간단한 방법이지요.

연습하기 [1~2] 예빈이가 브레인스토밍한 내용이에요. 잘 보고, 물음에 답하세요.

> 콜라, 사이다, 달다, 맛있다, 달콤하다,
> 덥다, 시원하다, 주스, 아이스티, 커피, 물,
> 체육 시간, 축구, 여름, 식혜, 수정과,
> 소풍 가서 먹을 때 최고, 우유, 오줌, 화장실

1 예빈이는 무슨 주제에 관한 생각을 자유롭게 적은 걸까요? 알맞은 것을 고르세요.

㉠ 음식　　　㉡ 음료수　　　㉢ 운동　　　㉣ 방학

2 브레인스토밍한 내용을 다음 표에 정리해 보세요.

종류	콜라,
생각이나 느낌	달다,
관련 경험	체육 시간, 축구,

잠깐만!! 브레인스토밍한 내용을 간단히 정리해 주면 글을 쓸 때 쉽게 활용할 수 있어요.

[3~5] '겨울'이라는 주제에 관해 정리해 보세요.

3 〈보기〉처럼 '겨울'이라는 주제를 대상으로 브레인스토밍해 보세요.

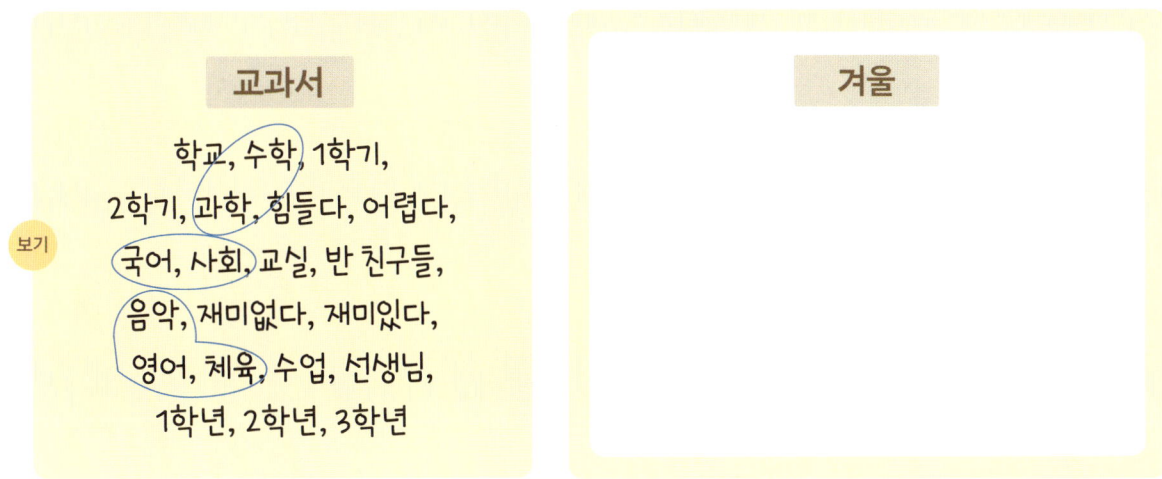

보기
교과서
학교, 수학, 1학기,
2학기, 과학, 힘들다, 어렵다,
국어, 사회, 교실, 반 친구들,
음악, 재미없다, 재미있다,
영어, 체육, 수업, 선생님,
1학년, 2학년, 3학년

겨울

4 브레인스토밍한 내용 중 비슷한 느낌의 낱말을 〈보기〉처럼 선으로 묶어 보세요.

5 위에서 묶은 내용 중 하나를 선택해 그 묶음의 특성을 〈보기〉처럼 표에 정리해 보세요.

보기		
	종류	수학, 과학, 국어, 사회, 음악, 영어, 체육
	생각이나 느낌	재미없다, 재미있다, 힘들다, 어렵다
	사용하는 사람이나 학년, 반 등	학교, 교실, 선생님, 반 친구들, 1학년, 2학년, 수업

	눈싸움	
생각이나 느낌	춥다	

01. 브레인스토밍

02 그림 그리기

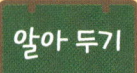 브레인스토밍한 이후에 그림을 그리면 그냥 그림을 그리는 것보다 훨씬 자세히 표현할 수 있어요. 이렇게 그린 그림을 바탕으로 글을 쓰면 정교한 글을 완성할 수 있지요.

연습하기 [1~2] 〈백설 공주〉를 읽고 주환이가 완성한 브레인스토밍과 그림을 잘 보고, 물음에 답하세요.

(백설 공주), 독사과, 마녀, 일곱 난쟁이, 왕자, 거울, 왕비, 슬프다, 우울하다, 신난다, 청소하다, 노래 부르기, 말, 드레스, 계모, 시달리다, 돕다, 쓰러지다

1 브레인스토밍한 낱말 중 그림과 관련된 것을 찾아 ○표를 해 보세요.

2 주환이가 쓴 글의 빈칸에 알맞은 말을 〈보기〉에서 찾아 ○표를 해 보세요.

보기
1. 백설 공주가 계모의 속임수에 걸리는 장면, 백설 공주가 난쟁이의 집을 청소하는 장면, 계모가 거울을 보며 누가 가장 예쁘냐고 묻는 장면
2. 독사과, 왕자, 계모, 거울
3. 얼른 일어나길 바랄게, 마녀를 조심해, 백설 공주 네가 가장 예뻐, 일곱 난쟁이가 정말 좋아

〈백설 공주〉를 읽고 나서 ①_____ 이 나는 가장 기억에 남는다. 백설 공주는 계모에게 속아 ②_____ 를 먹고 쓰러졌다. 백설 공주가 쓰러질 때 킥킥 웃는 계모가 얄밉다는 생각이 들었다. '백설 공주야, ③_____.'라고 생각했다.

[3~4] '오늘 하루 있었던 일'에 관해 써 보세요.

3 〈보기〉처럼 자유롭게 브레인스토밍해 보세요. 그리고 쓴 내용 중 가장 인상 깊은 것을 찾아서 ○표를 해 보세요.

보기
공기놀이, 보드게임,
자리 바꾸기, 신난다, 아쉽다,
친한 친구, 쉬는 시간,
㉠짝꿍, ㉡제비뽑기,
학원, 어렵다,
공평하다, 울다

오늘 하루 있었던 일

4 위에서 동그라미 친 낱말을 토대로 〈보기〉처럼 그림을 그리고, 그림의 내용을 글로 써 보세요.

보기  오늘 반에서 자리 바꾸기를 했습니다. 공평하게 제비뽑기로 자리를 정했습니다. 나는 친한 친구와 짝꿍이 돼서 정말 기뻤습니다.

03 마인드맵 그리기

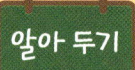 브레인스토밍하고 난 후에 마인드맵을 그리면 자유롭게 쓴 글감을 기준에 맞춰 정리할 수 있어요. 글을 쓸 때 중요한 것은 하나의 통일된 내용을 중심으로 써야 한다는 거예요. 주제가 통일되지 못한 글은 좋은 글이라고 할 수 없지요.

연습하기

1 '가족'을 주제로 브레인스토밍한 것을 보고, 마인드맵을 완성해 보세요.

동생, 까분다, 5살, 글씨 쓰기, 짜장면, 누나, 의젓하다, 13살, 그림 그리기, 초콜릿, 엄마, 자상하다, 40살, 볼링, 삼겹살, 아빠, 듬직하다, 웃기다, 42살, 사진 찍기, 회

2 〈보기〉처럼 소개하고 싶은 물건 한 가지를 정해 자유롭게 떠오르는 생각을 써 보세요.

보기

자전거

생일 선물, 넘어지다, 조심, 위험, 운동장, 시원하다, 핸들, 브레이크, 바퀴, 안장, 페달, 세발자전거, 두발자전거, 2인용 자전거

물건 이름: _____

3 위에서 자유롭게 쓴 내용을 〈보기〉처럼 마인드맵으로 따로 정리한 뒤 짧은 글을 써 보세요.

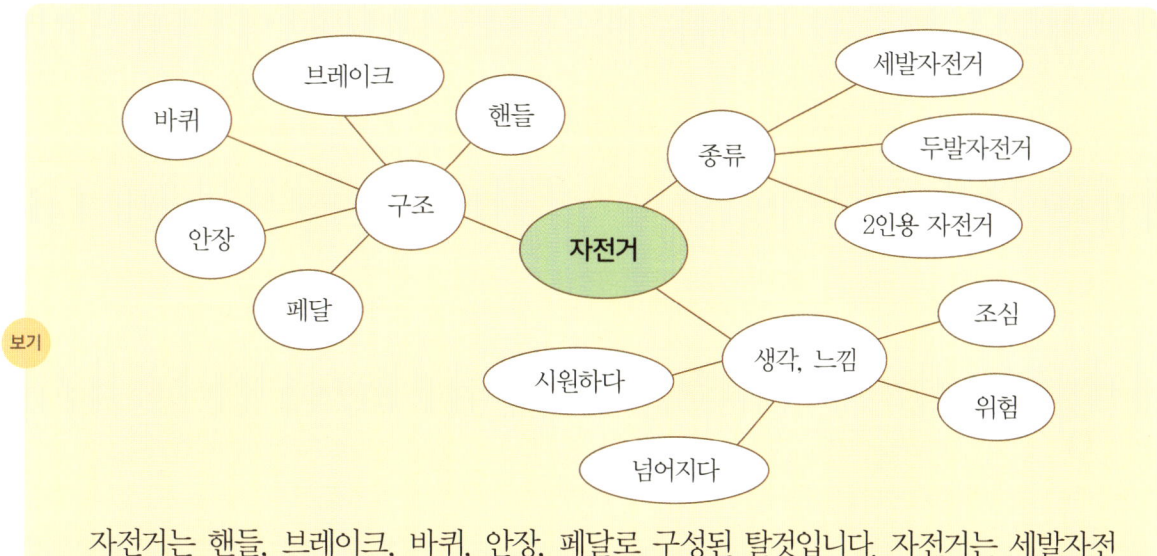

자전거는 핸들, 브레이크, 바퀴, 안장, 페달로 구성된 탈것입니다. 자전거는 세발자전거, 두발자전거, 2인용 자전거 등 다양한 종류가 있습니다. 자전거를 탈 때는 넘어질 위험이 있어서 조심해서 타야 합니다.

04 독서 감상문(인물 마음 생각하기)

알아 두기 독서 감상문에 생각과 느낌을 쓰는 여러 가지 방법이 있어요. 그중에서 가장 대표적인 방법이 글에 나오는 인물의 마음을 이해하고, 인물에게 하고 싶은 말을 적어 보는 것이죠. 인물의 마음을 알기 위해서는 글에 표현된 인물의 말과 행동을 주의 깊게 읽어야 해요.

연습하기 [1~2] 글을 읽고, 질문에 답해 보세요.

> 이제 곧 있으면 학예회가 시작한다. 2학년 2반은 연극을 하기로 했다. 모두 긴장한 표정이었다. 충재가 말했다.
> "다들 긴장 풀어! 우리 반 모두 잘할 수 있을 거야."
> "충재는 긴장 안 되니?"
> 선생님이 미소를 머금으며 충재에게 물었다.
> "저도 긴장돼요. 하지만 열심히 연습했는데 못하면 속상하잖아요."
> 충재는 주먹을 꽉 쥐고 선생님께 대답했다.
> "그래. 충재 말대로 우리 반 모두 후회하지 않게 최선을 다하자!"
> 선생님은 충재의 머리를 쓰다듬었다.

1 충재와 선생님의 마음으로 알맞은 것을 찾아 선으로 연결해 보세요.

❶ 충재 • •㉠ 대견하다

❷ 선생님 • •㉡ 굳세다

2 글 안에서 충재와 선생님은 어떤 표정을 하고 있을지 상상해서 얼굴 표정을 그려 보세요.

3 가)와 나) 글에 나타난 인물의 마음으로 알맞은 낱말을 〈보기〉에서 모두 찾아 써 보세요.

> 가) 2학년 2반의 연극이 시작됐다. 지원이와 충재는 무대 앞으로 나왔다.
> '어쩌지? 대사가 기억이 안 나! 큰일 났네.'
> 충재는 당황한 표정을 지었다.
> "야! 뭐 하고 있어? 빨리 대사를 해!"
> 지원이는 충재에게 화난 표정으로 조용히 속삭였다.
>
> 나) 연극이 끝난 후, 지원이는 잔뜩 화가 나서 충재에게 손가락질을 했다.
> "충재! 너 때문에 연극이 망했어!"
> 충재는 눈이 벌게져서 지원이에게 화냈다.
> "지원이 너 어떻게 그렇게 말할 수 있어?"
> 충재는 눈물이 고였다.

보기: 당황한, 짜증 난, 쌀쌀한, 사랑스러운, 속상한, 기쁜, 행복한, 흐뭇한, 불만스러운, 불쌍한, 얄미운, 기대하는, 경쾌한, 화가 난, 창피한

❶ 충재		❷ 지원	짜증 난

4 정우는 위의 글을 읽고 독서 감상문을 썼어요. 정우의 생각을 읽고, 빈칸에 한 문장의 대사로 써 보세요.

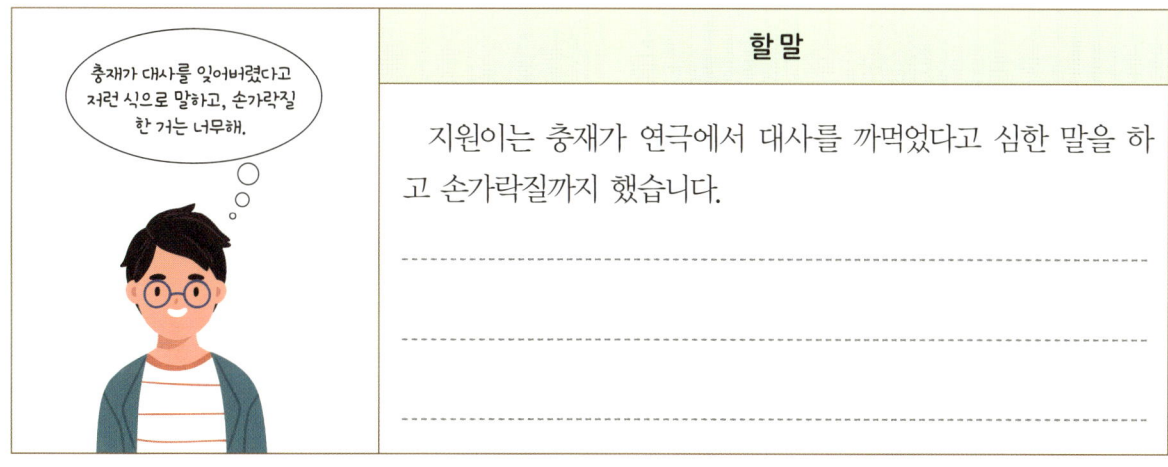

충재가 대사를 잊어버렸다고 저런 식으로 말하고, 손가락질 한 거는 너무해.

할 말

지원이는 충재가 연극에서 대사를 까먹었다고 심한 말을 하고 손가락질까지 했습니다.

직접 써 보기 [1~4] 〈보기〉처럼 질문에 답하며 독서 감상문을 써 보세요.

1 〈보기〉처럼 재미있게 읽었던 책에 나오는 인물의 마음을 짐작할 만한 것을 생각나는 대로 자유롭게 써 보세요.

읽은 책: _____

2 위에서 브레인스토밍한 내용을 〈보기〉처럼 마인드맵으로 정리해 보세요.

3 〈보기〉처럼 인물에게 하고 싶은 말을 써 보세요.

> 보기
> 뺑덕어멈에게
> ➡ 뺑덕어멈은 욕심부리지 않고 착하게 살아야 합니다. 그렇지 않으면 벌을 받을 것입니다.

_____ 에게

➡ _____

4 인물의 마음을 생각하고, 〈보기〉처럼 인물에게 하고 싶은 말을 넣어 독서 감상문을 써 보세요.

> 보기
> 집에 꽂혀 있는 〈심청전〉이 재미있어 보여서 읽었다. 심청이는 심 봉사를 위해서 인당수에 빠졌지만, 뺑덕어멈은 그런 심청이의 마음도 모른 채 심 봉사의 재산을 빼앗고 길가에 버립니다. 뺑덕어멈은 욕심부리지 않고 앞으로 남을 도우며 살면 좋겠습니다.

5 위에 쓴 글을 다시 읽고, 더 쓰고 싶은 내용은 없는지 생각해 보세요.

05 독서 감상문(줄거리)

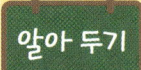 글을 읽을 때 '시간을 나타내는 낱말'이나 '장소의 변화를 알 수 있는 낱말'을 찾으면 일이 일어난 차례를 쉽게 파악할 수 있어요. 여기서는 독서 감상문의 줄거리를 쓸 때 일이 일어난 차례를 생각하며 쓰는 방법에 대해서 배워 봐요.

연습하기

1 제시된 낱말을 보고, '시간'을 나타내는 말을 좌우 빈칸에 써 보세요.

❶	봄	여름		겨울
❷	새벽		점심	
❸		낮		
❹		오늘		모레
❺			오후	
❻		현재		

2 다음을 읽고, 일이 일어난 차례에 맞게 ㉠~㉤을 순서대로 써 보세요.

㉠ 흥부는 오후에 다리가 부러진 제비를 발견하고 다리를 치료해 주었습니다. ㉡ 흥부가 부자가 됐다는 소리를 들은 놀부는 자신도 부자가 되어야겠다며 제비의 다리를 일부러 부러뜨렸습니다. ㉢ 아침부터 흥부는 놀부에게 밥을 좀 나눠 달라며 찾아갔지만, 놀부는 오히려 흥부를 주걱으로 때렸습니다. ㉣ 다시 봄이 돌아오고 제비는 흥부에게 박 씨를 하나 물어다 주었습니다. ㉤ 추운 밤 흥부의 자식들은 배가 고프다며 칭얼칭얼하였습니다.

(㉤ ➡   ➡   ➡   ➡   )

3 위의 문장을 순서에 맞게 소리 내어 읽어 보세요.

[4~6] 글을 읽고, 물음에 답해 보세요.

㉠ 1시쯤 우리 가족은 점심을 먹었다. 해가 중천에 떠 있어서 뜨거웠기 때문에 나무 그늘 아래 돗자리를 펴고 앉았다. 우리 가족은 김밥을 배부르게 먹었다.

㉡ 우리 가족은 아침에 일어나 바쁘게 움직여서 동물원에 도착했다. 동물원 입구에서 홍학이 우리를 반갑게 맞이해 주었다. 나는 동물원을 구경할 생각에 신이 났다.

㉢ 집으로 돌아가기 전, 우리는 돌고래 쇼를 보았다. 나는 약간 피곤했지만 돌고래의 멋진 모습에 눈을 뗄 수 없었다. 오늘 멋진 하루를 선물해 준 동물들아, 고마워!

㉣ 처음에 동양관에 갔더니 사육사가 내 목에 뱀을 둘러 주었다. 나는 무서워서 꼼짝할 수도 없었다. 눈물이 찔끔 났지만 괜찮은 척, 용감한 척하느라 힘들었다.

4 위의 글에서 일이 일어난 차례를 알 수 있는 단서로 옳은 것을 〈보기〉에서 모두 찾아 ○표를 해 보세요.

> 보기 해의 위치, 동물의 종류, 시간, 아이의 표정, 바지의 색깔

5 일이 일어난 차례에 맞게 문단을 정리해 보세요.

(㉡ ➡   ➡   ➡   )

6 위의 글을 일이 일어난 차례에 따라 간단히 정리해서 줄거리를 써 보세요.

우리 가족은 아침 일찍 동물원에 나들이를 나왔다.

직접 써 보기 [1~4] 질문에 답하며 독서 감상문을 써 보세요.

1 재미있게 읽었던 책에 대해 떠오르는 모든 생각을 〈보기〉처럼 자유롭게 써 보세요.

〈보기〉

책 먹는 여우

* 처음: 여우 도둑, 가난한, 도서관 책을 먹음, 사서가 의심, 쫓겨난다, 몰래 먹기
* 가운데: 감옥에 들어감, 굶어 죽을 것 같음, 책을 쓰는 여우, 빛나리, 자급자족
* 끝: 출판, 대단한 책, 인기 도서, 여우 작가, 돈을 버는, 해피엔딩

읽은 책: _____

2 책의 줄거리를 〈보기〉처럼 간단히 정리해 보세요.

〈보기〉 여우는 책 먹는 것을 가장 좋아한다. 하지만 가난했던 여우는 도서관에서 책을 몰래 훔쳐 먹다가 걸려서 감옥에 들어간다. 감옥에서 책을 먹지 못해서 굶어 죽을 것 같던 여우는 스스로 책을 쓰기로 결심한다. 좋은 글을 쓴 여우는 인기 작가가 되어 책을 배부르게 먹을 수 있게 되었다.

3 일이 일어난 차례를 생각하며 간단한 줄거리를 넣어 〈보기〉처럼 독서 감상문을 완성해 보세요.

> 보기
>
> 〈책 먹는 여우〉를 읽었다. 여우는 책 먹는 것을 좋아하지만 가난해서 책을 살 수가 없었다. 결국 여우는 도서관에서 책을 훔쳐 먹다가 걸려서 감옥에 들어간다. 책을 먹지 못해서 굶어 죽을 것 같던 여우는 스스로 책을 쓰기로 결심한다. 여우는 책을 먹으려고 글을 썼지만 그 책이 잘 팔려서 인기 작가가 된다. 부자가 된 여우는 이제 책을 맘껏 먹을 수 있게 되었다. 여우가 책을 먹는다는 기발한 상상 때문에 나는 순식간에 책을 읽을 수 있었다. 언젠가 나도 여우처럼 재미있는 책을 쓰고 싶다.

4 위에 쓴 글을 다시 읽고 더 쓰고 싶은 내용은 없는지 생각해 보세요.

06 곱셈 구구로 된 문제 만들기

×	1	2	3	4	5	6	7	8	9
2	2	4	6	8	10	12	14	16	18

+2 +2 +2 +2 +2 +2 +2 +2

알아 두기 곱셈 구구는 2+2+2+2+2+2처럼 2를 여섯 번 더한 값을 알아보려고 할 때 덧셈을 여러 번 나타내는 것이 불편해서 간단히 2×6으로 표현한 하나의 규칙이라고 할 수 있어요. 7을 두 번 더하면 7×2, 5를 다섯 번 더하면 5×5처럼 나타내는 거죠.

연습하기

1 〈보기〉의 튤립 개수를 알아보는 식처럼 장미의 개수를 알아보는 식을 만들어 보세요.

 2×3=6

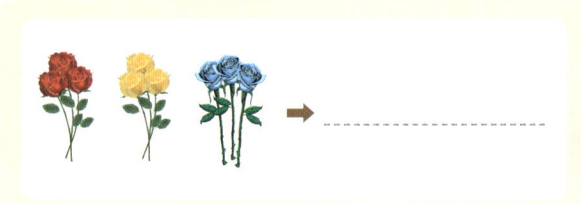 → _____

2 그림을 보고, 빈칸에 들어갈 알맞은 말을 〈보기〉에서 찾아 써 보세요.

보기 2, 5, 모두, 몇 개, 4, 6

1 오리는 ____ 마리씩 ____ 줄로 떠내려갑니다.
   오리는 ____ 몇 마리일까요?

2 바나나는 ____ 개씩 ____ 묶음이 있습니다.
   바나나는 모두 ____ 일까요?

[3~4] 그림을 보고, 질문에 답해 보세요.

이림이	승민이
전체 버스에 아이들이 모두 몇 명 탈 수 있는지 알고 싶어.	노란색 버스에 아이들이 모두 몇 명 탈 수 있는지 알고 싶어.

3 이림이와 승민이가 위의 그림을 보고 문제를 만들었어요. 올바른 것을 찾아 선으로 연결해 보세요.

❶ 버스 1대에는 8명의 아이가 탈 수 있습니다. 버스는 모두 5대가 있습니다. 버스에는 모두 몇 명의 아이가 탈 수 있을까요?   •   • ㉠ 승민

❷ 버스 1대에는 8명의 아이가 탈 수 있습니다. 노란색 버스는 모두 3대가 있습니다. 노란색 버스에는 모두 몇 명의 아이가 탈 수 있을까요?   •   • ㉡ 이림

4 이림와 승민이가 만든 문제를 덧셈식과 곱셈식으로 표현해 보세요.

❶ 승민   8+8+8+8+8=40 ➡ _____

❷ 이림   _____ ➡ _____

직접 써 보기

1 그림을 보고, 〈보기〉처럼 곱셈 문제를 만들어 보세요.

보기

화살 과녁판에서 한가운데를 맞히면 5점을 줍니다. 승희는 한가운데에 7개의 화살을 맞혔습니다. 승희의 점수는 모두 몇 점일까요?

1

까마귀는 다리를 _____ 가지고 있습니다. 전선 위에 까마귀가 _____ 앉아 있습니다. _____ 모두 몇 개일까요?

2

탁자 하나에 의자가 _____ 놓여 있습니다. 총 _____ 탁자가 있습니다. 그렇다면 _____ 모두 몇 개가 있을까요?

3

_____

_____

_____

[2~4] 마인드맵을 만들어서 곱셈 문제를 써 보세요.

2 자신이 만들고 싶은 곱셈식을 〈보기〉처럼 써 보세요.

3 위에서 적은 곱셈식의 의미를 〈보기〉처럼 기준을 나누어 마인드맵으로 정리해 보세요.

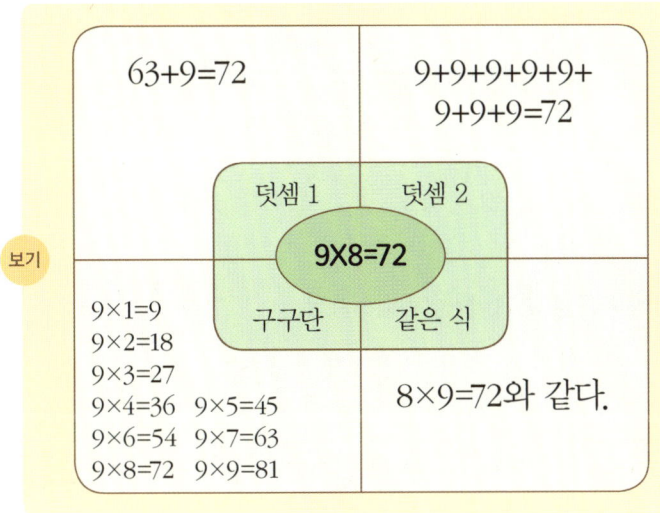
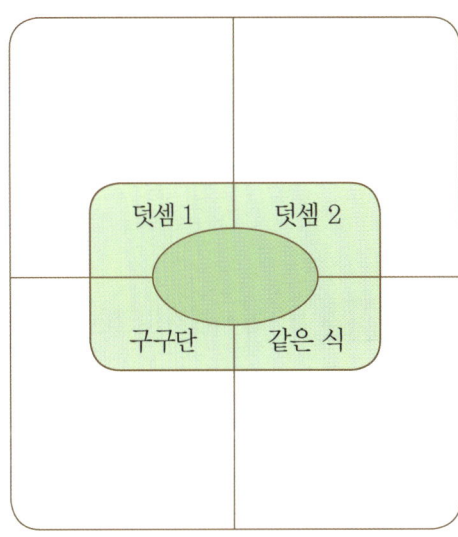

4 마인드맵에 쓴 내용을 바탕으로 〈보기〉처럼 곱셈 문제를 만들어 보세요.

> 보기 사람 한 명이 가지고 있는 연필의 개수는 9개입니다. 사람이 총 8명 있다면 이들이 가지고 있는 연필의 개수는 모두 몇 개일까요?

06. 곱셈 구구로 된 문제 만들기

07 세계 여러 나라 특징 소개하기

 세계에는 어떤 나라가 있을까? 어떤 나라가 있는지 지도를 찾아보고 글을 써야겠어.

 세계 여러 나라의 집 모양이나 입는 옷, 여러 가지 인사말을 조사해 보고 싶어.

 앞에서 배운 '설명하는 글' 쓰는 방법처럼 정확한 사실을 토대로 쉬운 낱말을 사용해서 써야지.

알아 두기 다른 나라에 가 본 적 있나요? 세계 여러 나라는 사용하는 언어나 문화 등에서 다양한 차이가 있어요. 많은 사람이 살아가기 위해서 지켜야 할 비슷한 규칙을 가지고 있기도 하지요. 여기서는 세계 여러 나라의 특징을 설명하는 글을 써 볼 거예요.

연습하기 [1~2] 세계의 다양한 나라를 나타낸 지도를 보고, 물음에 답하세요.

1 세계 여러 나라 이름을 대륙별로 표에 써 보세요.

아시아	한국,
아메리카	미국,
유럽	
아프리카	

2 세계 여러 나라를 소개할 때 들어갈 내용으로 알맞지 않은 것을 고르세요.

㉠ 각 나라를 대표하는 유명한 문화유산   ㉡ 각 나라에서 먹는 특징 있는 음식

㉢ 겨울에 겨울잠을 자는 동물의 종류   ㉣ 나라별로 사용하는 언어의 차이

[3~4] 표를 보고, 질문에 답하세요.

나라 이름	음식	인사	문화유산
미국	햄버거, 피자	굿모닝	자유의 여신상
인도	난, 카레	나마스테	타지마할
프랑스	라타투이, 푸아그라	봉주르	에펠탑
브라질	슈하스코	봉 디아	거대 예수상

3 세계 여러 나라의 특징을 소개하는 글을 쓰기 전에 위와 같이 자료를 조사하면 무엇이 좋은지 모두 고르세요.

㉠ 정확한 사실을 토대로 글을 쓸 수 있음   ㉡ 쓸 내용에 대해 자세히 알 수 있음

㉢ 쓸 내용을 체계적으로 정리할 수 있음   ㉣ 어려운 낱말의 의미를 미리 알 수 있음

4 위의 표를 토대로 〈보기〉처럼 설명하고 싶은 나라의 음식, 인사, 문화유산에 관해서 써 보세요.

> 보기
> 미국은 햄버거, 피자 등의 음식이 유명합니다. 인사말은 '굿모닝'으로 우리가 잘 아는 영어를 사용하며, 자유의 여신상과 같은 유명한 문화유산이 있습니다.

직접 써 보기 [1~3] 브레인스토밍 후 그림을 그려서 세계 여러 나라의 다양한 특징을 써 보세요.

1 세계 여러 나라 중 한 곳을 선택하여 〈보기〉처럼 떠오르는 모든 생각을 자유롭게 써 보세요.

나라: _____

2 그 나라에서 소개하고 싶은 내용을 〈보기〉처럼 그림으로 그려 보세요.

3 위에서 그린 그림을 토대로 〈보기〉처럼 소개하는 나라의 특징을 써 보세요.

보기) 비빔밥은 여러 가지 나물에 장을 넣어 비벼 먹는 한국 전통 음식입니다. 비빔밥은 넣는 재료에 따라 달고, 맵고, 짜고, 고소한 맛이 납니다. 현재 비빔밥은 세계인의 입맛을 사로잡으며 한국의 대표 요리가 되었습니다.

[4~6] 마인드맵을 만들어서 세계 여러 나라의 다양한 특징을 써 보세요.

4 자신이 소개하고 싶은 나라를 〈보기〉처럼 써 보세요.

〈보기〉 한국 ➡ _____

5 위에 적은 나라의 특징을 〈보기〉처럼 마인드맵으로 정리해 보세요.

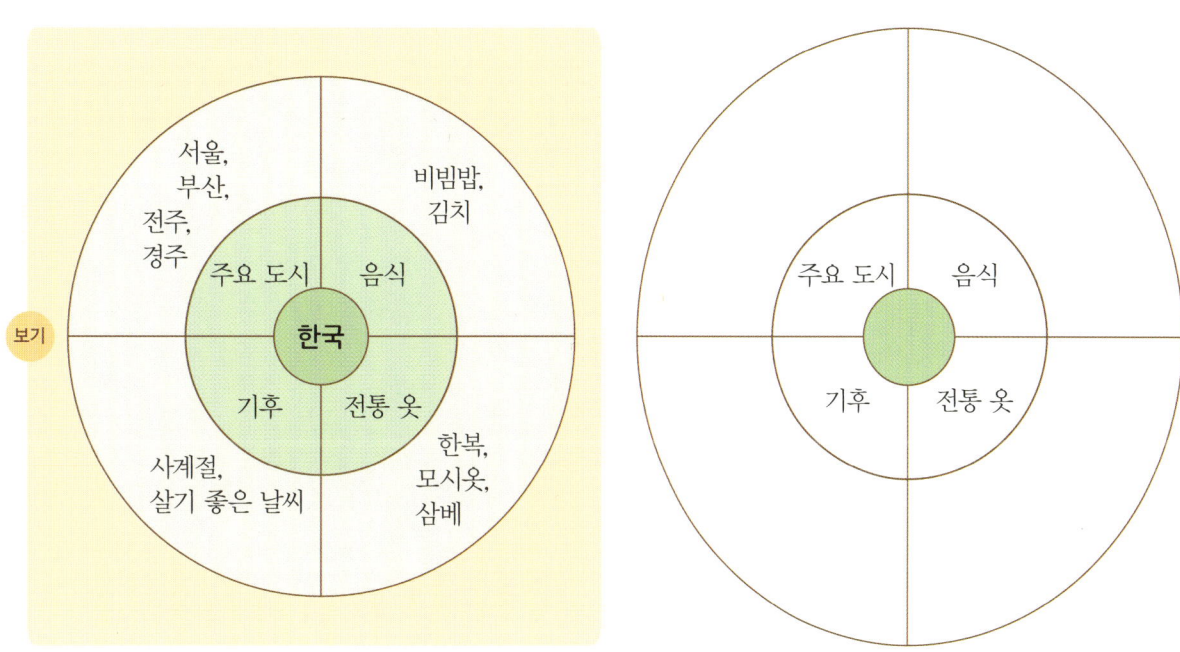

6 마인드맵에 쓴 내용을 바탕으로 〈보기〉처럼 소개하는 나라의 특징을 써 보세요.

〈보기〉 한국은 아시아에 있는 나라로 서울, 부산, 전주, 경주 같은 큰 도시가 있습니다. 대표 음식으로 비빔밥, 김치 등을 꼽을 수 있고, 전통 의상으로 한복을 입습니다. 한국은 사계절을 가진 살기 좋은 나라입니다.

답안 가이드

* 여기 제공되는 답은 예시 답안입니다. 자기 생각을 담아 직접 써 보는 문제의 경우는 다양한 답이 나올 수 있습니다.

1단원 한 문장 쓰기

01 낱말 바꾸어서 재미있는 문장 만들기 (1)
...... pp. 12~13

연습하기

1 ❶ 피었다 ❷ 밀가루가 빵이
2 ❶ 해바라기는 식물이다. ❷ 떡볶이가 달다.

직접 써 보기

1 ❶ 냄비가 뜨겁다. ❷ 지은이는 노래한다.
❸ 꽃이 열매가 되다.

02 낱말 바꾸어서 재미있는 문장 만들기 (2)
...... pp. 14~15

연습하기

1 ❶ 어울린다 ❷ 스티브 잡스가 스마트폰을
2 ❶ 할아버지는 아버지와 친하십니다.
❷ 나는 강아지를 싫어한다.

직접 써 보기

1 ❶ 공작새가 날개를 펼친다.
❷ 내 동생은 아빠와 닮았다.
❸ 마녀는 백설 공주에게 사과를 주었다.

03 꾸밈말을 넣어 신나는 문장 만들기 (1)
...... pp. 16~17

연습하기

1 ❶ 마른, 느릿느릿 ❷ 붉은, 뭉게뭉게

2 ❶ 작은, 짹짹 ❷ 나이 든, 어린
❸ 침착한, 낡은, 천천히

직접 써 보기

1 ❶ 용감한 학생이 할아버지를 구했다.
❷ 나는 더러워진 운동화를 깨끗하게 빨았다.
❸ 배고픈 아기 새가 어미 새에게 짹짹 지저귀었다.
❹ 우리는 힘차게 눈길을 뚜벅뚜벅 걸었다.

04 꾸밈말을 넣어 신나는 문장 만들기 (2)
...... pp. 18~19

연습하기

1 ❶ 오후에, 소파에서 ❷ 날씨가 추운, 맛있게
2 ❶ 산세가 아름다운, 태백산보다
  ▶ 산세: 산이 생긴 모양
❷ 2학기에, 학교에서
❸ 거북선을 만든, 전술이 약한

직접 써 보기

1 ❶ 방학에 진영이는 수영장에서 철이를 만났다.
❷ 색깔이 노란 이 수프는 카레보다 맛있다.
❸ 피아노를 치는 지민이는 편의점에서 껌을 샀다.
❹ 얼굴이 무서운 아저씨가 축구를 하는 아이들을 쳐다봤다.

05 상황에 어울리는 문장 만들기
...... pp. 20~21

연습하기

1 ❶ 멋진 제복을 입은 경찰관이 우리 아빠다.
❷ 말이 갈기를 휘날리며 초원을 힘차게 달린다.

❸ 타닥타닥 타고 있는 모닥불은 성냥불보다 밝다.

직접 써 보기

1 ❶ 어린, 재미있게 ❷ 몸집이 큰, 재빠르게
❸ 단풍나무와 은행나무가 빨갛게 노랗게 물들어 있습니다.
❹ 치마를 입은 은별이가 (나무를 안고 있는) 훈배를 보며 즐겁게 웃습니다.

06 오감으로 표현하기(시각, 청각) … pp. 22~23

연습하기

1 ❶ 시각 ❷ 청각 ❸ 시각 ❹ 청각

2 ❶ 노란 개나리가 봄이 왔음을 알렸다.
❷ 성당에서 아름다운 피아노 소리가 난다.
❸ 눈 앞에 도로 표지판이 명확하게 보였다.
❹ 오빠가 드르렁 코를 골며 잔다.

직접 써 보기

1

본 것(시각)	들은 것(청각)
엄마가 손을 흔듦	우르르 쾅쾅 천둥소리
콜라 색깔이 까맣다	졸졸졸 시냇물 소리
형형색색의 피자	쨍그랑 그릇 깨지는 소리
짙은 먹구름이 피어 있음	쏴 소나기 소리

2 ❶ 저 멀리서 엄마가 나에게 손을 흔들었다.
❷ 잠을 자는데 창문 밖에서 우르르 쾅쾅 천둥소리가 들렸다.
❸ 박스를 열자 형형색색의 맛있는 피자가 보였다.
❹ 설거지를 하던 동생이 쨍그랑하고 그릇을 깨트렸다.
▶ '쨍그랑'이라는 소리를 문장에 적어 줬기 때문에 이 문장 표현은 오감 중 '청각'을 이용했다고 말할 수 있어요.

07 오감으로 표현하기(후각, 미각, 촉각) … pp. 24~25

연습하기

1 ❶ 미각 ❷ 촉각 ❸ 촉각 ❹ 후각

2 ❶ 누가 방귀를 뀌었는지 갑자기 구린내가 났다.
❷ 병원에서 받은 가루약이 너무 써서 나는 삼킬 수가 없다.
❸ 손에 닿은 종이 끝이 매우 날카로웠다.

직접 써 보기

1

맡은 냄새(후각)	맛(미각)	피부로 느낀 것(촉각)
고소한	맵다	시원하다
구수한	달다	꽉 쥐다
향긋한	쓰다	뜨겁다
달달한	시다	차갑다
초콜릿 향기	새콤달콤하다	매끄럽다
	칼칼하다	반질반질하다
	시원하다	

2 ❶ 주방에서 고소한 참기름 냄새가 난다.
❷ 점심에 먹은 칼국수는 칼칼하면서도 시원한 맛이 일품이었다.
❸ 이번에 받은 선물은 매끄럽고 반질반질한 새 책상이었다.
❹ 엄마가 가져온 봉투 안에서 달달하고 구수한 향기가 난다.

08 오감을 활용한 문장 만들기 … pp. 26~27

연습하기

1 ❶ 생선 가게에는 파리가 날아다닙니다.
❷ 시장 곳곳에서 상인들이 손님들을 부르는 소리가 들립니다.
❸ 분식집에서는 달고 매운 떡볶이 향이 납니다.
❹ 민지는 매운 떡볶이와 담백한 어묵을 맛있게 먹었습니다.
❺ 햇빛이 쨍쨍 비추어서 시장 바닥이 뜨거웠습니다.

2 ① 강아지가 아픈 다리를 핥고 있다.
② 비누로 구석구석 닦으니까 온몸이 미끌미끌하다.
③ 오이는 자르면 시원한 향이 난다.
④ 떡국은 쫀득쫀득한 떡과 구수한 국물이 조화를 이루어야 맛있다.
⑤ 소방차가 삐오삐오 사이렌을 울리며 급하게 달려갔다.

직접 써 보기

1 • 오늘 하루 가장 인상 깊었던 일:
 – 체육 시간
 – 학예회(친구들의 우렁찬 발표, 아이들의 커다란 웃음소리)
 – 샌드아트 놀이(모래로 작품을 만듦)
• **시각**: 체육 시간에 공을 세게 찼다. 창문을 깨트리고 말았다.
• **청각**: 학예회가 열리고 여러 친구들이 우렁차게 발표했다. 하하하하! 많은 친구들의 웃음소리가 교실에 크게 울렸다.
• **촉각**: 샌드아트 놀이에서 만진 모래는 까끌까끌하면서도 보드라웠다. 나는 거친 모래로 뾰족뾰족한 산을 표현했다.

2단원 두 문장 쓰기

01 이어 주는 말 연결하여 쓰기 (1) ··· pp. 30~31

연습하기

1 ① 자동차 사고가 났습니다. — 그리고 — ⓒ 사람은 다치지 않았습니다.
② 은선이는 요구르트를 마십니다. — 그러나 — ⓓ 자동차에서 불이 났습니다.
(① 자동차 사고가 났습니다 — 그리고 — ⓓ 자동차에서 불이 났습니다 / ⓒ 사람은 다치지 않았습니다)
(② 은선이는 요구르트를 마십니다 — 그리고 — ⓑ 지선이도 요구르트를 마십니다 / 그러나 — ⓐ 승희는 아무것도 먹지 않습니다)

▶ **정답 지도 시 주의할 점** 선을 연결해 준 다음 문장이 어떻게 완성되었는지 소리 내어 읽어 보게 하세요.

2 ① 그리고, 또 ② 그러나, 하지만

직접 써 보기

1 ① 공이 창문을 깨트렸습니다
② 이불을 개었습니다
③ 청소기도 돌렸습니다
④ 음식을 먹고 싶지 않았습니다

02 이어 주는 말 연결하여 쓰기 (2) ··· pp. 32~33

연습하기

1 ① 그래서 ② 그런데

2 ① ⓒ 집안이 시원해질 것입니다
② ⓒ 냉장고에 먹을 것이 하나도 없습니다
③ ㉠ 축구를 하다가 넘어졌기 때문입니다

직접 써 보기

1 ① 달리기를 열심히 했기 때문입니다
② 지수는 그 의견에 반대했습니다
③ 옷이 깨끗합니다
④ 도서관이 보일 것입니다

03 사실과 의견으로 쓰기 ···· pp. 34~35

연습하기

1 ❶ 한 것 ❷ 본 것 ❸ 들은 것
2 ❶ ㉡ ❷ ㉡

직접 써 보기

1 ❶ 베짱이는 열심히 일만 하는 개미가 불쌍했습니다
❷ 올해는 책을 한 권도 사지 않았습니다
❸ 원하는 음악을 피아노로 자연스럽게 칠 수 있을 것입니다
❹ 엄마가 아끼는 그릇을 깨트렸기 때문입니다
❺ 추운 겨울날, 집안에서 따뜻하고 풍족하게 지낼 수 있었습니다

04 예를 들어 쓰기 ···· pp. 36~37

연습하기

1 ❶ 콜라, 사이다, 주스 등을 팝니다
❷ 예를 들면, 배드민턴, 자전거 타기, 축구 등을 합니다.

직접 써 보기

1

대상	예
차	트럭, 스포츠카, 경차
친한 친구	새슬, 단유, 가은, 시연, 명진, 정우, 승민
곤충	나비, 잠자리, 장수풍뎅이, 딱정벌레, 장수하늘소

2 ❶ → 나는 새슬이, 단유, 가은이, 시연이 등 친한 친구들이 많습니다.
❷ 세상에는 신기한 곤충이 많습니다. 예를 들면, 나비, 잠자리, 장수풍뎅이, 딱정벌레, 장수하늘소 등이 있습니다. → 세상에는 나비, 잠자리, 장수풍뎅이, 딱정벌레, 장수하늘소 등 신기한 곤충이 많습니다.

05 빗대어 쓰기 ···· pp. 38~39

연습하기

1 ❶ 독수리, 백조 / 독수리처럼[백조처럼]
❷ 라면, 스프링 / 민서의 머리카락은 라면같이 곱슬거립니다.

직접 써 보기

1

대상	닮거나 비슷한 것
콜라	에어컨(시원하다), 사이다(톡 쏜다)
잠바	솜사탕(푸근하다), 난로(따뜻하다)
스마트폰	TV(정신없다), 게임기(신난다)

2 ❶ → 바람이 부는 추운 겨울날, 승희는 솜사탕같이 푸근한 두꺼운 잠바를 입었습니다.
❷ 정우는 이번에 스마트폰을 새로 샀습니다. 새로 산 스마트폰은 게임기처럼 신나고 재미있습니다. → 정우는 이번에 게임기처럼 신나고 재미있는 스마트폰을 새로 샀습니다.

06 비교·대조하여 쓰기 ···· pp. 40~41

연습하기

1 ❶ • 모양: 지구와 달은 모두 둥급니다.
• 색깔: 지구는 파랗지만 달은 노랗습니다.
❷ • 있는 장소: 그네와 시소는 모두 놀이터에 있습니다.
• 타는 방법: 그네는 혼자 탈 수 있지만 시소는 둘 이상이 같이 타야 합니다.

직접 써 보기

1 → 팥빙수는 음식이다. 그리고 우동도 음식이다. 팥빙수는 차갑다. 그러나 우동은 뜨겁다.

2 〈피겨 스케이팅〉   〈 수영 〉

얼음 위 | 올림픽 종목 | 물속

→ 피겨 스케이팅은 올림픽 종목이다. 그리고 수영도 올림픽 종목이다. 피겨 스케이팅은 얼음 위에서 하지만 수영은 물속에서 한다.

07 원인과 결과로 쓰기 ········ pp. 42~43

연습하기

1 ❶ 유현이는 자전거를 혼자 탈 수 있게 되었습니다
❷ 윤서는 감기에 걸렸기 때문입니다

직접 써 보기

1

원인	결과
밥을 허겁지겁 먹음	배탈이 남
수영장에서 열심히 수영을 함	배가 고픔
태종대로 소풍을 감	태종대에서 즐거운 시간을 보냄

2 ❶ → 동원이는 수영장에서 열심히 수영을 했기 때문에 배가 무척 고팠습니다.
❷ 우리 반은 태종대로 소풍을 갔습니다. 그래서 태종대에서 즐거운 시간을 보냈습니다. → 우리 반은 태종대로 소풍을 가서 태종대에서 즐거운 시간을 보냈습니다.

08 다음에 일어난 일 쓰기 ······ pp. 44~45

연습하기

1 ❶ 정우와 단유는 서로에게 사과를 했습니다.
▶ 이어 주는 말이 꼭 필요하지 않으면 안 써도 괜찮아요.
❷ 그래서 도은이는 선생님께 혼이 났습니다.

직접 써 보기

1

사건	다음에 일어난 일
해수욕장에서 신나게 놂	얼굴이 까맣게 탔음
빵을 맛있게 먹음	치킨을 배부르게 먹음
아침에 자명종이 울림	계속 잠을 잤음

2 ❶ → 영우는 아빠가 제과점에서 사 온 빵을 맛있게 먹고, 엄마가 시장에서 사 온 치킨을 배부르게 먹었다.
❷ 아침에 자명종이 시끄럽게 울렸다. 그러나 나는 잠을 계속 잤다. → 아침에 자명종이 시끄럽게 울렸지만 나는 잠을 계속 잤다.

09 전체와 부분으로 쓰기 ······ pp. 46~47

연습하기

1 ❶ 책에는 동화책, 만화책, 백과사전 등 여러 가지 종류가 있습니다.
❷ 시계는 시침, 분침, 초침 등으로 구성됩니다.

▶ **정답 지도 시 주의할 점** 본래 전체와 부분 관계와 상하 관계는 다른 의미예요. 예를 들어, '시계'와 '시침, 분침, 초침'은 전체와 부분 관계이지만 '구기 종목'과 '축구, 농구, 배구'는 상하 관계이죠. 이를 구분하기 가장 쉬운 방법은 시침은 시계라고 할 수 없지만 축구는 구기 종목이라 할 수 있다는 차이예요. 하지만 본 교재에서는 전체와 부분 관계에 상하 관계를 포함해요. 아이가 아직 전체와 부분 관계와 상하 관계를 구분하기 어렵기 때문이에요.

직접 써 보기

1

전체(상)	부분(하)
피자	페퍼로니 피자, 불고기 피자, 시카고 피자
식물	뿌리, 줄기, 잎, 가지
얼굴	눈, 코, 입, 볼, 이마

2 ❶ → 식물은 뿌리, 줄기, 잎, 가지 등 여러 가지 부분으로 나눌 수 있습니다.

❷ 우리 얼굴은 여러 부분으로 이루어집니다. 얼굴은 눈, 코, 입, 볼, 이마 등으로 나눌 수 있습니다. → 우리 얼굴은 눈, 코, 입, 볼, 이마 등 여러 부분으로 이루어집니다.

10 문제와 해결로 쓰기 pp. 48~49

연습하기

1 ❶ 그래서 훈배는 안경을 맞춥니다.
   ❷ 현재는 살을 빼기 위해 운동을 열심히 합니다.

직접 써 보기

1
문제	해결 방법
빌리려고 하는 책이 도서관에 없음	다른 책을 빌림
스마트폰 게임이 하고 싶음	오늘 과제를 먼저 끝냄
수학이 너무 어려움	엄마와 수학 공부를 매일 30분씩 하기로 함

2 ❶ → 은상이는 스마트폰으로 게임을 하고 싶어서 오늘 해야 할 과제를 먼저 끝냈습니다.
   ❷ 은별이는 요새 수학이 너무 어렵습니다. (그래서) 은별이는 엄마와 수학 공부를 매일 30분씩 하기로 다짐했습니다. → 은별이는 요새 수학이 너무 어려워서 엄마와 수학 공부를 매일 30분씩 하기로 다짐했습니다.

3단원 원고지 쓰기

01 큰따옴표, 작은따옴표 알기 pp. 52~53

연습하기

1 ❶ 큰따옴표 ❷ 느낌표 ❸ 쉼표 ❹ 작은따옴표

2 ❶ ㉠, ㉣ ❷ ㉡, ㉢

3 ❶ 마음속으로 생각한 말
   '아차! 우산을 놓고 왔네.' 비가 오니 내 머릿속에 우산이 퍼뜩 떠올랐다.
   ❷ 누군가와 대화하는 말
   "너는 매일 무슨 운동을 하니?" 현주가 민기에게 물었다.
   ❸ 마음속으로 생각한 말
   '과연 누가 우승할까?' 월드컵 결승전을 보다가 갑자기 나는 궁금해졌다.

4 ❶ '엄마가 나한테 선물을 주면 좋겠다.'라고 나는 속으로 생각했습니다.
   ❷ '이번에는 꼭 빠져나가고 말 거야!' 여우는 마음속으로 다짐했습니다.
   ▶ '이번에는 꼭 빠져나가고 말 거야.'라고 느낌표 대신 마침표를 써도 정답이에요.
   ❸ "필통에 연필, 지우개, 풀이 있니?" 선생님께서 나에게 물었습니다.

02 큰따옴표, 작은따옴표 쓰기 pp. 54~55

연습하기

1 ❶ "나는 강아지를 키우려고 해."
   ❷ "나는 고양이가 좋은데."

2

❶
| " | 이 | | 신 | 발 | | 어 | 때 | ? | " | |
| 엄 | 마 | 가 | | 나 | 에 | 게 | | 물 | 었 | 다. |

❷
'	야	호	!		드	디	어		내	일
내		생	일	이	다.					
일	어	나	자	마	자		즐	거	운	
생	각	이		떠	올	랐	다.			

❸
"	사	과,		참	외,		수	박,		포
도,		체	리.		대	체		뭘		사
야		할	까	요	?	"				
엄	마	에	게		되	물	었	다.		

03 제목, 소속, 이름 쓰기 ········· pp. 56~57

연습하기

1 ❶
동	물	원							
			사	람		초	등	학	교
						채		하	늘

❷
나	비	가		나	풀	나	풀		
			사	람		초	등	학	교
		1	학	년		1	반		황 우 정 국

❸
글	쓰	기		공	부	를		하	고		나	서
				한	라	산		초	등	학	교
					3	학	년		이	승	혜

❹
| 강 | 아 | 지 | 똥 | 을 | | 읽 | 고 |
| | | | | | | 이 | 다 | 율 |

❺
잠	자	리	의		일	생
				역	사		초	등	학	교
		2	학	년		8	반		김	명	훈

04 원고지 규칙 정리·문장 필사하기 ··· pp. 58~61

연습하기

1 ❶
나	와		동	생	을		태	운		썰	매	가		눈	길
을		미	끄	러	져		내	려	갔	습	니	다.
	"	와	!		엄	청		재	미	있	다. "
	동	생	은		웃	으	면	서		크	게		소	리	쳤	습
니	다.

❷
	놀	이	공	원	에	서		회	전	목	마	를		탔	습	니
다.		아	빠	가		회	전	목	마		밖	에	서		"	정
훈	아	!		여	기		봐	! "		라	고		외	쳤	습	니
다.		아	빠	를		바	라	보	자		'	번	쩍	! '
하	고		플	래	시	가		터	졌	습	니	다.

▶ **정답 지도 시 주의할 점** 대화나 생각을 인용하는 문장 뒤에 조사(~라고, ~하고 등)가 오면 따옴표 뒤 칸을 비우지 않고 붙여 쓰지만, 따옴표 뒤 칸에 낱말이 오면 한 칸을 비우고 쓴다는 것을 아이에게 알려 주세요.

❸
	"	원	고	지		쓰	기	에	는		규	칙	이		있	습
니	다.		특	히		마	침	표,		쉼	표,		느	낌	표,
물	음	표,		큰	따	옴	표,		작	은	따	옴	표	와
같	은		문	장		부	호	에		따	라	서		다	양
한		규	칙	이		적	용	됩	니	다. "

▶ **정답 지도 시 주의할 점** 쉼표도 원고지 끝에 걸리면 다음 줄에 쓰는 것이 아니라 한 행의 마지막 칸 안이나 밖에 쓴다는 것을 다시 상기시켜 주세요. 또, 대화문은 길어서 다음 행으로 넘어가도 항상 첫 칸을 비운다는 것을 알려 주세요.

❹
	"	오	늘		숙	제		해		왔	니	? "
	선	생	님	께	서		물	으	셨	습	니	다.
	"	어	제		급	한		일	이		있	어	서		못	했
습	니	다. "
	나	는		기	어	들	어		가	는		목	소	리	로
말	했	습	니	다.

❺
	횡	단	보	도	를		건	널		때	는		주	위	를
살	피	고		건	넙	니	다.		파	란	불	에		건	너	도	∨
교	통		규	칙	을		지	키	지		않	는		차	가
있	기		때	문	입	니	다.		내		몸	의		안	전	은	∨
다	른		누	가		지	켜		주	지		않	습	니	다.

❻
	어	제		아	빠	와		함	께		큰		눈	사	람	을	∨
만	들	었	다.		아	빠	가		"	이	야,		우	리		민
서		열	심	히		하	는	구	나	! "		라	며		칭	찬
해		주	셨	다.		눈	사	람	이		살	아	나	서		나
에	게		"	안	녕	! "		하	고		인	사	할		것	∨
같	았	다.

4단원 세 문장 쓰기(문단 쓰기)

01 문단이란? — pp. 64~65

연습하기

1 ❶ 또, 아침밥을 매일 먹겠습니다.
❷ 선생님께서 나에게 일기를 열심히 쓰라고 말씀하셨다.
❸ 어제 급식으로 나온 돈가스 정말 맛있지 않았니?

직접 써 보기

1 ❶

또, '한국을 빛낸 100명의 위인들'도 아주 좋아합니다.

❷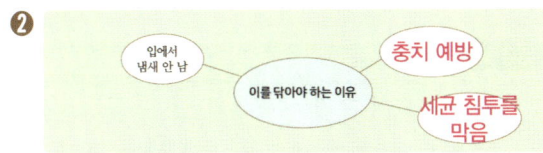

충치를 예방할 수 있기, 이를 잘 닦으면 세균이 몸에 침투하는 것을 막을 수 있습니다

02 운동 — pp. 66~67

연습하기

1 ❶ ㉠ 월드컵 예선 마지막 경기 ㉡ 긴장된 마음에 ㉢ 월드컵에 나가면 좋겠다
❷ 나는 태권도를 배우고 싶다. 태권도를 배우면 몸이 더욱 건강해질 수 있기 때문이다. 실제로 내가 태권도를 배운다면 튼튼한 로봇이 된 기분이 들 것 같다.

직접 써 보기

1 ▶ 두 명의 선수가 격투기 하는 그림을 그려 보세요.
나는 격투기 경기를 싫어한다. 서로 주먹으로 치고받고 피를 흘리는 것이 징그럽기 때문이다. 경기가 어떻게 바뀌어도 내가 격투기를 좋아하는 일은 일어나지 않을 것 같다.

▶ **정답 지도 시 주의할 점** 아이가 쓸 내용이 생각나지 않는다고 하면 다음 질문에 대한 답을 한 문장씩 써 보게 해 주세요.
㉠ 싫어하는 운동 경기가 있나요?
㉡ 싫어하는 이유가 무엇인가요?
㉢ 그 경기를 좋아하게 되려면 어떻게 해야 할까요?

03 소망 목록 — pp. 68~69

연습하기

1 높은 산의 절벽에서 글라이더를 메고 뛰어 내리는 패러글라이딩을 해 보고 싶다. 하늘을 나는 기분이 얼마나 좋을지 상상만 해도 즐겁다. 패러글라이딩을 하기 위해서 높은 곳도 두려워하지 않는 용기를 갖고자 노력해야 할 것이다.

직접 써 보기

1

나는 코딩을 좀 더 전문적으로 배우고 싶다. 게임 캐릭터를 내 뜻대로 움직일 수 있는 코딩의 매력에 푹 빠져 버렸다. 나는 힘들어도 꾹 참고 버틸 수 있는 인내심이 조금 부족한데 코딩을 배울 때는 괴로워도 버티는 모습을 부모님께 보여 주고 싶다.

▶ **정답 지도 시 주의할 점** 아이가 쓸 내용이 생각나지 않는다고 하면 다음 질문에 대한 답을 한 문장씩 써 보게 해 주세요.
㉠ 소망 목록으로 꼭 배우고 싶은 것이 있나요?
㉡ 그것을 배우고 싶은 이유는 무엇인가요?
㉢ 그것을 배우는 데 가장 큰 장애물은 무엇인가요?

04 휴일에 가고 싶은 곳 ········· pp. 70~71

연습하기

1 ❶ ㉠ 캠핑을 ㉡ 캠핑을 좋아하기 때문입니다 ㉢ 아름다운 가을을 즐길 수 있을 것입니다
❷ 나는 휴일에 벚꽃 구경을 가면 좋겠습니다. 벚꽃 구경을 가면 아름다운 꽃을 보고, 맛있는 음식을 먹을 수 있기 때문입니다. 예쁜 분홍빛의 길에 서면 마치 내가 공주가 된 기분이 들 것 같습니다.

직접 써 보기

1 ▶ 판다가 노는 그림을 그려 보세요.
나는 요새 기분이 좋지 않다. 휴일에 동물원에 간다면 이런 안 좋은 기분이 날아갈 것 같다. 동물원에 가서 내가 제일 좋아하는 판다를 실컷 보고 오고 싶다.

▶ **정답 지도 시 주의할 점** 아이가 쓸 내용이 생각나지 않는다고 하면 다음 질문에 대한 답을 한 문장씩 써 보게 해 주세요.
㉠ 요즘 기분이 어떤가요?
㉡ 이런 기분이라면 휴일에 어디를 가고 싶나요?
㉢ 그곳에서 하고 싶은 일은 무엇인가요?

05 음식 ········· pp. 72~73

연습하기

1 음식에는 면, 전, 국, 찌개, 빵 등 여러 가지 종류가 있다. 면 음식으로는 라면, 짜장면, 국수 등이 있다. 찌개 음식으로는 김치찌개, 된장찌개, 부대찌개 등이 있다.

직접 써 보기

1 (음식 도표: 맛 – 달다, 매콤하다 / 좋아하는 것 – 불고기 / 싫어하는 것 – 시금치 / 먹고 싶은 것 – 동태찌개)

어제저녁에 엄마가 해 준 불고기를 맛있게 먹었다. 불고기는 매콤하면서도 달달했다. 내일 저녁에는 오랜만에 동태찌개가 먹고 싶다.

▶ **정답 지도 시 주의할 점** 아이가 쓸 내용이 생각나지 않는다고 하면 다음 질문에 대한 답을 한 문장씩 써 보게 해 주세요.
㉠ 어제저녁에 먹은 음식은 무엇인가요?
㉡ 그 음식의 맛은 어땠나요?
㉢ 내일 저녁에 먹고 싶은 음식은 무엇인가요?

06 바다에서 하는 일 ········· pp. 74~75

연습하기

1 ❶ ㉠ 물고기를 잡는 어부가 있다 ㉡ 그물을 던지고 당기는 힘든 일 ㉢ 싱싱한 생선을
❷ 바다에서 하는 일 중 해군이 떠오릅니다. 해군은 우리나라의 바다를 지키기 위해 한순간도 긴장을 늦추지 않고 있습니다. 우리나라를 지켜 주시는 해군 장병님들 정말 감사드립니다.

직접 써 보기

1 ▶ 바다에 쓰레기가 많이 떨어져 있는 그림을 그려 보세요.
바다에 많은 쓰레기가 떨어져 있는 모습을 보면 나는 사람들의 이기심에 화가 납니다. 바다에 떨어진 쓰레기를 줍기 위해 다양한 바다 보호 환경 단체가 노력하고 있습니다. 이제부터는 바다를 깨끗이 하기 위해 바다에 놀러 가면 쓰레기를 조금이라도 줍고 돌아와야겠습니다.

▶ **정답 지도 시 주의할 점** 아이가 쓸 내용이 생각나지 않는다고 하면 다음 질문에 대한 답을 한 문장씩 써 보게 해 주세요.
㉠ 바다에 쓰레기가 버려져 있는 모습을 보면 어떤 기분이 드나요?
㉡ 바다에 떨어진 쓰레기를 치우기 위해 어떤 노력이 이루어지고 있나요?
㉢ 바다를 깨끗이 하기 위해 자신이 할 수 있는 일에는 무엇이 있을까요?

07 직업 ······ pp. 76~77

연습하기

1 우리 가족 중 아빠의 직업을 소개하고 싶습니다. 우리 아빠는 축구 코치라는 직업을 가지고 계십니다. 아빠는 축구 코치라는 자신의 직업에 대해 엄청난 자부심을 갖고 계십니다.

▶ 자부심: 자기 자신 또는 자기와 관련되어 있는 것에 대하여 스스로 그 가치나 능력을 믿고 당당히 여기는 마음

직접 써 보기

1
- 갖고 싶은 직업: 우주 비행사, 동화 작가
- 교통: 버스 기사, 기관사
- 바다: 해녀, 어부
- 의료: 간호사, 의사

나는 동화 작가라는 직업에 관심이 많습니다. 동화 작가는 아이들이 읽는 동화를 직접 씁니다. 동화 작가는 아이들에게 꿈과 희망을 심어 줄 수 있는 멋진 직업입니다.

▶ **정답 지도 시 주의할 점** 아이가 쓸 내용이 생각나지 않는다고 하면 다음 질문에 대한 답을 한 문장씩 써 보게 해 주세요.
㉠ 자신이 관심 있는 직업을 써 보세요.
㉡ 그 직업이 하는 일은 무엇인가요?
㉢ 그 직업의 장점은 무엇인가요?

08 놀이 ······ pp. 78~79

연습하기

1 ❶ ㉠ 고무줄 놀이 ㉡ 고무줄을 가볍게 뛰었다
㉢ 오징어 게임

❷ 오늘 나는 친구들과 술래잡기를 했다. 술래잡기는 술래가 돌아다니면서 여러 곳에 숨은 친구를 찾아내는 놀이이다. 이 놀이는 술래가 되어서 숨은 친구들을 찾아내는 게 힘들다.

▶ 술래잡기는 '술래가 숨은 사람을 찾아내는 놀이'와 '술래가 술래가 아닌 사람을 잡는 놀이' 두 가지가 있어요. 여기서 술래잡기는 숨바꼭질의 의미예요.

직접 써 보기

1 ▶ 체스 게임판을 그려 보세요.
나는 이번에 선생님께 체스를 배웠다. 학교에서 주로 쉬는 시간이나 점심시간에 친구들과 체스를 한다. 체스는 자신의 말을 놀려 상대편의 왕을 움직이지 못하게 만들면 승리하는 놀이이다.

▶ **정답 지도 시 주의할 점** 아이가 쓸 내용이 생각나지 않는다고 하면 다음 질문에 대한 답을 한 문장씩 써 보게 해 주세요.
㉠ 선생님께 배운 재미있는 놀이는 무엇인가요?
㉡ 그 놀이는 언제 누구와 하나요?
㉢ 그 놀이는 어떻게 해야 승리하나요?

09 곤충 ······ pp. 80~81

연습하기

1 나비의 종류에는 배추흰나비, 호랑나비, 큰표범나비 등이 있다. 내가 가장 좋아하는 나비는 하얀 모습으로 나풀나풀 날아다니는 배추흰나비이다. 사마귀, 거미, 개구리 등이 나비의 천적이다.

직접 써 보기

1

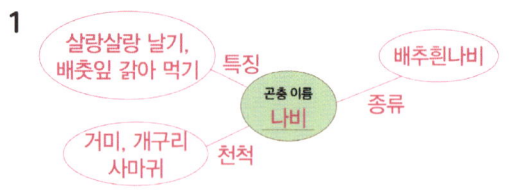

집 주위에 있는 배추 텃밭에는 배추흰나비가 많이 산다. 살랑살랑 날아다니는 배추흰나비의 모습은 꽤 아름답다. 하지만 배추흰나비는 배춧잎을 갉아 먹기 때문에 아름다운 모습에 깜빡 속으면 안 된다.

▶ **정답 지도 시 주의할 점** 아이가 쓸 내용이 생각나지 않는다고 하면 다음 질문에 대한 답을 한 문장씩 써 보게 해 주세요.
㉠ 집 주위에는 어떤 곤충이 사나요?
㉡ 그것은 어떻게 날아다니나요?
㉢ 그것의 또 다른 특징은 무엇인가요?

10 재미있게 읽은 책 ········ pp. 82~83

연습하기

1 ❶ ㉠ '꿀렁꿀렁, 키득키득, 퐁당퐁당, 나풀나풀'
㉡ 행복한 기분 ㉢ 노래를 부르는
❷ 이번에 나는 〈해님달님〉이라는 전래동화를 재미있게 읽었다. 〈해님달님〉은 약간 무섭지만 호랑이를 통쾌하게 무찌르는 장면이 재미있었다. 다음에는 〈콩쥐팥쥐전〉을 다시 읽어 보고 싶다.

직접 써 보기

1 ▶ 멋진 자동차 그림을 그려 보세요.
나는 자동차 관련 분야의 책을 좋아한다. 자동차 관련 책에는 기계 내부의 신비로운 과학 이야기가 많이 실려 있다. 다음에는 자동차의 미래, 전기차 관련 책을 꼭 읽어 보고 싶다.

▶ **정답 지도 시 주의할 점** 아이가 쓸 내용이 생각나지 않는다고 하면 다음 질문에 대한 답을 한 문장씩 써 보게 해 주세요.
㉠ 자신은 어떤 분야의 책을 좋아하나요?
㉡ 그 분야의 책이 좋은 이유는 무엇인가요?
㉢ 다음에는 어떤 책 읽기에 도전하고 싶나요?

11 영화 ········ pp. 84~85

연습하기

1 겨울방학에 나는 엄마, 아빠와 함께 극장에서 〈겨울왕국〉을 봤다. 〈겨울왕국〉은 제목처럼 한겨울 눈 속에서 펼쳐지는 아름다운 동화 같은 이야기이다. 엘사와 안나처럼 나도 동생과 사이좋게 지내야겠다고 다짐했다.

직접 써 보기

1

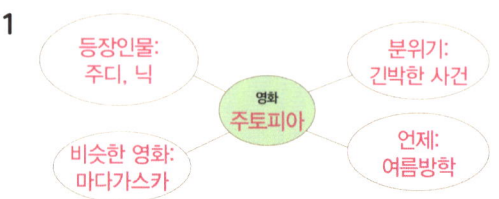

나는 〈주토피아〉를 무척 좋아한다. 〈주토피아〉는 동물의 왕국에서 벌어지는 사건을 긴박감 있게 표현했다. 이와 비슷한 영화로 〈마다가스카〉라는 애니메이션이 있다.

▶ **정답 지도 시 주의할 점** 아이가 쓸 내용이 생각나지 않는다고 하면 다음 질문에 대한 답을 한 문장씩 써 보게 해 주세요.
㉠ 좋아하는 영화는 무엇인가요?
㉡ 그 영화를 좋아하는 이유는 무엇인가요?
㉢ 그 영화와 비슷한 스토리를 가진 영화는 무엇인가요?

12 꿈 ··········· pp. 86~87

연습하기

1 ❶ ㉠ 작가 ㉡ 멋진 동화를 쓰고 싶다 ㉢ 하루에 한 쪽씩 매일 글을
❷ 나는 커서 멋진 그림을 그리는 화가가 되고 싶다. 고흐, 미켈란젤로, 피카소는 화가라는 자신들의 꿈을 이루었다. 만약 내가 화가가 된다면 누군가에게 감동을 줄 수 있는 그림을 그리고 싶다.

직접 써 보기

1 ▶ 포켓몬 그림을 그려 보세요.
내 동생은 나중에 포켓몬 마스터가 되는 것이 꿈이다. 동생은 지금 포켓몬이 없으면 못 살 정도로 포켓몬에 푹 빠져 있다. 이룰 수 없는 꿈이지만 동생이 꿈을 잃지 않도록 응원해 줘야겠다.

▶ **정답 지도 시 주의할 점** 아이가 쓸 내용이 생각나지 않는다고 하면 다음 질문에 대한 답을 한 문장씩 써 보게 해 주세요.
㉠ 여러분 형제자매의 꿈은 무엇인가요?
㉡ 그들이 그것을 이루고자 하는 이유는 무엇인가요?
㉢ 그들이 그 꿈을 이룰 수 있도록 내가 도울 수 있는 일은 무엇일까요?

13 시장에서 파는 물건 ··········· pp. 88~89

연습하기

1 어제 나는 시장에 새로 생긴 신발 가게에 갔다. 가게에는 예쁘고 내 발에 딱 맞는 신발이 많았다. 메이커 신발 가게보다 훨씬 싼 가격이 내 마음에 쏙 들었다.

직접 써 보기

1

과일	생선
딸기, 감, 오렌지, 바나나	꽁치, 오징어, 생태
신발	옷
장화, 농구화	청바지, 조끼, 잠바

(시장 물건)

시장에서는 다양한 물건을 팔아서 사람이 많고 생기가 넘친다. 나는 시장에 가면 과일 가게에서 딸기, 오렌지, 바나나 등을 산다. 또, 생선 가게에 가서 꽁치, 오징어, 생태 등 여러 생선을 구경한다.

▶ **정답 지도 시 주의할 점** 아이가 쓸 내용이 생각나지 않는다고 하면 다음 질문에 대한 답을 한 문장씩 써 보게 해 주세요.
㉠ 시장의 분위기는 어떤가요?
㉡ 시장에서 어떤 가게에 가나요?
㉢ 방문하는 또 다른 가게를 써 보세요.

5단원 장르 및 목적에 따라 글쓰기 (1)

01 칭찬 쪽지 쓰기 ········· pp. 92~95

연습하기

1

친구 이름	칭찬할 점	생각이나 느낌
충익	어제 운동회에 열심히 참가하더라.	대단했어. 동민이 최고!
❶ 하나	음료수 나르는데 네가 도와줘서 큰 도움이 됐어.	고마워!
❷ 보은	너 달리기 진짜 잘하더라.	네가 열심히 연습한 결과인 것 같아.

2 • **친구 이름**: 승희
  • **고쳐 쓴 내용**: 달리기가 번개처럼 빠르더라. 나도 그렇게 달리고 싶어!

3 ❶ ㉠ ❷ ㉡

4 부모님께서 책을 읽어 주셔서 책이 재미있고 내용을 쉽게 이해할 수 있습니다.

직접 써 보기

1 ❶ • **친구 이름**: 재경
   • **칭찬할 점**: 약속 시간을 잘 지키고 자신이 맡은 일에 최선을 다한다.
   ❷ • **친구 이름**: 국진
   • **칭찬할 점**: 학급 신문을 만들 때 친구를 배려하고 글씨를 잘 썼다.

2 ❶ • **친구 이름**: 재경
   • **생각이나 느낌**: 약속 시간 전에 미리 나와 있는 모습에 큰 감동을 받았다. 스스로 맡은 일에 책임을 다하는 모습이 멋있다.
   ❷ • **친구 이름**: 국진
   • **생각이나 느낌**: 국진이 덕분에 학급 신문을 완성할 수 있었다. 글씨를 예쁘게 쓰려고 노력하는 모습이 보기 좋았다.

3 ❶ 재경아!
재경아, 지난번 약속 시간에 혼자 나와서 기다리고 있었지? 나는 그 모습에 큰 감동을 받았어. 또, 우리가 하기로 한 과제에서 네가 맡은 부분에 최선을 다하는 모습이 보기 좋더라. 재경아, 정말 고마워.
전력 너의 친구 훈배가

❷ 국진아!
국진아, 지난번 국어 시간에 학급 신문을 만들었을 때 너의 모습을 칭찬하려고 해. 솔직히 네가 없었으면 학급 신문을 어떻게 만들었을지 모르겠어. 네가 친구들을 배려하고 열심히 해 줘서 완성할 수 있었던 것 같아. 또, 글씨를 예쁘게 쓰려고 노력하는 네 모습이 보기 좋더라. 국진아, 칭찬해!
전력 너의 친구 재경이가

02 일기 글감 찾기 ········· pp. 96~97

연습하기

1 미술관에 가서 생긴 일, 피카소 그림에 대한 느낌, 낮잠을 잔 일, 친구와 다툰 일, 케이크를 먹은 이유, 컴퓨터 게임을 한 일, 외출하려고 바쁘게 준비했던 일, 너무 매운 김치찌개, 가족 독서 시간에 읽었던 책

▶ 자신이 경험했던 일이라면 무슨 일이든 일기의 글감으로 활용할 수 있어요.

2 • **일기로 쓰고 싶은 내용**: 점심으로 먹은 김치찌개
  • **제목**: 불닭볶음 김치찌개

3 그네 타는 문제로 친구와 다툰 일

4 불꽃 튀는 친구와의 그네 다툼

03 일기 쓰기(생각, 느낌 쓰기) ········· pp. 98~101

연습하기

1 나)

2 무슨 일이 있는 건 아닌지 걱정이 됐다. 그리고 약간 화가 나기도 했다. / 나에게 진심으로 미안한 것처럼 보였다. / 나는 금세 마음이 풀려서

3 편안하다, 차다, 우습다, 활기차다, 공부하다, 대답하다, 마시다, 슬프다, 우울하다, 닦다, 공손하다, 가르치다, 친절하다, 행복하다, 자다, 훌륭하다, 불안하다, 먹다, 긴장하다, 만나다, 외롭다, 불행하다, 밉다, 깜빡이다, 피곤하다, 즐겁다, 앉다

4 ❶ 불안하고 긴장됐다. 친구에게 화나고 짜증났다. 친구가 밉고 나에게 왜 그런지 모르겠다. 내일 친구를 어떻게 볼지 모르겠다.
❷ 바쁘고 긴장된다. 혼날까 봐 두렵다. 다시는 지각하지 말아야겠다고 생각했다. 늦게 일어난 내가 싫다. 잘 울리지 않는 자명종이 밉다.

직접 써 보기

1 가족 독서 시간을 가짐 / 일찍 일어나서 아빠와 조깅함 / 저녁 / 아침 / 오늘 하루 있었던 일 / 점심 / 친구네 집에 놀러가서 부루마블 게임을 함

2 • **인상 깊은 일**: 아침 일찍 일어나서 아빠와 조깅함
• **생각이나 느낌**: 아침에 일어나기가 너무 싫었다. 일어나서 새벽 공기를 마시니 기분이 좋아졌다. 아침 운동을 해서 그런지 아침밥이 꿀맛이었다. 앞으로 자주 아빠와 아침 일찍 일어나 뛰고 싶다.

3 • **날짜**: 2023년 5월 10일
• **날씨**: 태양이 비추고 공기가 맑은 날
• **제목**: 아빠와 함께 조깅을
• **일기 본문**: 아침 일찍 일어나 아빠와 조깅했다. 일찍 일어나기 너무 싫었지만 밖에 나가서 맑은 공기를 들이마시니 기분이 좋아졌다. 아빠와 30분 정도 밖에서 뛰고 오니까 아침밥이 꿀맛이었다. 앞으로 자주 아빠와 함께 조깅하고 싶다.

04 편지 종류 ········ pp. 102~103

연습하기

1 ❶ ㉢ ❷ ㉥ ❸ ㉣ ❹ ㉠
❺ ㉡ ❻ ㉤ ❼ ㉦ ❽ ㉧

2 • **편지의 종류**: 안부 편지
• **이유**: 지난번에 맹장 수술을 한 고모가 괜찮은지 여쭤보는 편지를 쓰고 싶다.

3 ❶ 감사 편지 ❷ 안부 편지

4 건강한 모습으로 빨리 뵙고 싶어요.

05 마음을 전하는 편지 쓰기 ········ pp. 104~107

연습하기

1 ㉢

2 ❶ 받는 사람 ❷ 첫인사 ❸ 전하고 싶은 말
❹ 쓴 날짜 ❺ 쓴 사람

3 시원한 여름 보내기를 바랄게. 잘 지내.

4 ❶ ㉣ ❷ ㉤ ❸ ㉢ ❹ ㉠ ❺ ㉡ ❻ ㉥

직접 써 보기

1 • **받는 사람**: 친구 여정이
• **편지 쓴 이유**: 학급회장 선거에서 아깝게 떨어진 여정이를 위로해 주고 싶다.
• **편지 종류**: 위로 편지

2 • **받는 사람**: 친구 여정이
• **첫인사**: 겨울 안부 인사
• **전하고 싶은 말**: 선거에서 아쉽게 떨어져서 안타까웠다는 말, 너무 실망하지 말라는 위로의 글
• **끝인사**: 힘내라는 말
• **쓴 날짜**: 20○○년 ○월 ○일
• **쓴 사람**: 친구 한별이가

3 내 친구 여정이에게
안녕, 여정아. 요새 날이 무척 춥던데 어떻게 지내

고 있니?
지난번에 학급회장 선거에서 네가 아쉽게 떨어져서 얼마나 안타까웠는지 모르겠어. 여정이 너도 마음이 안 좋았을 거 같아. 너무 실망하지 않았으면 좋겠어.
여정아, 힘내! 내가 응원할게.

20○○년 ○월 ○일
너의 친구 한별이가

06 생활문 쓰기 ··········· pp. 108~111

연습하기

1. ① ㉡ → ㉠ → ㉢ → ㉣
   ② ㉠ → ㉢ → ㉡ → ㉣
   ③ ㉡ → ㉢ → ㉣ → ㉠

2. 오늘은 오케스트라 연주회가 있는 날이다. 나는 작년부터 학교 오케스트라에서 바이올린을 맡았다. 바이올린을 열심히 연습했는데 오늘 연주회에서 내가 잘할 수 있을지 걱정됐다. 아이들이 등교하는 8시 30분부터 8시 50분까지 교단 앞에서 연주했고, 연주회가 끝났을 때 반 친구들이 우레와 같은 박수를 쳐 줬다. 감동해서 눈물이 찔끔 났다. 내일부터는 더 열심히 바이올린 연습을 해야겠다.

작년	오케스트라에서 바이올린을 맡음
오늘	8시 30분~8시 50분 / 교단 앞에서 연주함
	연주회가 끝났을 때 / 반 친구들이 우레와 같은 박수를 쳐 줌
내일	바이올린 연습을 더 열심히 하겠다고 다짐함

직접 써 보기

1. • 언제: 8월 5일   • 어디에서: 집 앞 공원에서
   • 누구와: 친구들, 엄마와
   • 한 일: 재미있게 줄넘기를 함
   • 있었던 일: 엄마와 함께 공원에 줄넘기를 하러 감
     여러 친구들이 가족과 함께 이미 공원에 나와 있음
     친구들과 줄넘기를 같이 함
   • 생각이나 느낌: 친구들을 보고 반가웠다, 같이 놀아서 즐거웠다, 행복했다

2. 제목: 뭔가 통한 날
   나는 엄마와 함께 줄넘기를 하러 공원에 나갔다. 마치 서로 짠 듯이 다른 친구들도 가족과 함께 공원에 나와 있었다. 다른 친구들과 함께 줄넘기를 하니 정말 즐거웠다. 이런 일이 종종 생기면 행복할 것 같다.

6단원 장르 및 목적에 따라 글쓰기 (2)

01 설명하는 글 알기 ··········· pp. 114~115

연습하기

1. ㉢

2. ① ㉢ ② ㉠ ③ ㉡
   ▶ 설명하는 글을 써야 할 다양한 이유가 있어요.

3. ① 안경 ② 학교 가는 길

02 설명하는 글 쓰기 ··········· pp. 116~117

연습하기

1. 대한민국의 행정 구역

2. ① ㉢ ② ㉠ ③ ㉡

3. ① 혼자 공부하는 R데이터 분석, 객체지향의 사실과 오해 같은 프로그래밍 언어와 관련된 책도 있

176

습니다. → 〈정의란 무엇인가〉, 〈코스모스〉와 같이 수준 높은 교양 서적도 있습니다.

❷ 이 중 가장 높은 산은 설악산입니다. 그다음으로 높은 산은 불암산입니다. → 이 중 가장 높은 산은 한라산입니다. 그다음으로 높은 산은 지리산입니다.

❸ 설거지하면 컴퓨터 게임을 못합니다. → 접시를 물로 적시고, 세제를 묻힌 수세미로 접시를 구석구석 깨끗이 닦습니다.

03 그림 보고 설명하기 ········ pp. 118~121

연습하기

1

2 • 설명하고 싶은 것: 모자
  • 특징: 새 그림이 그려져 있음. 빨간색

3

직접 써 보기

1 ❶ • 설명하고 싶은 대상: 경찰서
    • 위치의 특징: 소방서 길 건너 맞은편, 우체국 왼쪽
  ❷ • 설명하고 싶은 대상: 김밥집
    • 위치의 특징: 지하철역 오른쪽, 햄버거 가게와 공원 맞은편

2 ❶ 사람 초등학교에서 나와서 문구점이 있는 쪽으로 걸어갑니다. 문구점을 보며 오른쪽으로 꺾어 가면 편의점 건너편에 카페가 보입니다. 카페 맞은편에 경찰서가 있습니다.

❷ 사람 초등학교에서 나와서 꽃집까지 쭉 걸어갑니다. 꽃집을 끼고 오른쪽으로 꺾어 계속 걸어가면 지하철역을 지나서 김밥집이 보입니다.

3 ▶ 설명한 위치에 맞춰 학교에서부터 선을 그어 보세요.

04 주변 물건 소개하기 ········ pp. 122~125

연습하기

1 ❶ ㉢ ❷ ㉠ ❸ ㉡ ❹ ㉣

2 ❶ 수업에서 TV를 활용하는 방법
  ❷ 사물함에 들어 있는 물건
  ❸ 선생님이 칠판에 가장 많이 쓰는 낱말
  ❹ 모둠별로 앉을 때의 책상 배치

▶ 설명하는 글은 다른 사람이 읽는 글이므로 읽는 사람이 궁금해하는 내용을 쓰는 것이 좋아요.

직접 써 보기

1 ▶ 자전거 그림을 그려 보세요.

2 • 모양: 숫자 8이 옆으로 기울어진 모양
  • 색깔: 다양한 색깔이 있지만 빨간색, 검은색이 멋짐
  • 크기: 세우면 내 키보다 큼, 엄마 키 정도 됨
  • 쓰임: 어딘가 빠르게 이동할 때 씀

3 친구들은 내가 왜 자전거를 소개하는지 궁금해할 것 같다.

4 저는 자전거를 소개하고 싶습니다. 자전거는 모두가 잘 알고 있는 대로 숫자 8을 옆으로 기울인 모양입니다. 자전거는 다양한 색깔이 있지만 제가 사고 싶은 자전거는 빨간색과 검은색을 섞은 자전거입니다. 자전거를 세로로 세우면 제 키보다 크

고, 엄마 키 정도 되는 것 같습니다. 자전거는 어딘가 빠르게 이동할 때 씁니다. 저도 자전거를 사면 아침 일찍 일어나 자전거를 타고 등교하고 싶습니다.

05 설득하는 글 알기 ········· pp. 126~127

연습하기

1 ㄹ

2 ❶ ㄴ ❷ ㄱ ❸ ㄷ

3 ❶ 책을 읽고 독서 감상문을 씁시다.
   ❷ 교실 청소를 깨끗이 합시다.

06 설득하는 글 쓰기 ········· pp. 128~129

연습하기

1 ❶ ㄷ ❷ ㄴ ❸ ㄱ

2 쓰레기를 함부로 버리지 마세요!

3 ❶ 마지막으로 교실에서 규칙을 잘 지켜야 한다.
   → 마지막으로 빠르게 달리는 차가 없어서 교통사고가 줄어들 것이다.
   ❷ 세상에 재미없는 책은 없는 것 같습니다.
   → 또, 내가 관심 있는 주제에 관한 여러 가지 지식을 얻을 수 있습니다.
   ❸ 친구에게 하는 욕은 때로는 친근감의 표시입니다. → 욕을 자주 사용하면 자신의 감정을 통제하지 못하고 충동적인 행동이 늘어난다고 합니다.

07 자기 의견 나타내기 ········· pp. 130~135

연습하기

1 시끄러웠다, 음식이 튀어서 지저분했다, 밥을 먹는 데 방해가 됐고, 기분이 나빴다

2 급식실에서 음식을 먹을 때는 조용히 깨끗하게 먹자.

3 ㉠, ㉡

4 ▶ 광고도 설득하는 글의 하나라고 할 수 있고, 두 친구 모두 정답이 될 수 있어요. '의견'은 사람에 따라 다르니까요.

5 (4번 문제에서 ㉠을 고른 경우) 효규야, 스마트폰을 너무 많이 사용하면 잠도 잘 못 자고, 뇌가 쉬지 못해서 그 다음날 훨씬 피곤해. 그러니까 스마트폰 그만하고 어서 자렴.
   (4번 문제에서 ㉡을 고른 경우) 효규야, 지금 스마트폰으로 유익한 정보를 공부하고 있지? 나는 너를 믿어. 스마트폰은 적당히 사용할 때 우리에게 유용한 도구가 될 수 있어.

직접 써 보기 1

1 선생님께서 정해 준 자리에 앉은 적이 있습니다.

2 선생님께서 정해 준 자리 주변에 그다지 불편한 아이가 없어서 오히려 좋았다.
   친한 친구가 같은 모둠이어서 자리 때문에 마음 상하는 일이 없었다.

3 • 주장: 선생님께서 정해 준 자리에 앉고 싶습니다.
   • 이유: – 선생님께서 각자의 성향에 맞게 자리를 정해 주신다.
   – 시끄러운 아이들의 자리를 서로 떼어 낼 수 있어서 수업 분위기가 좋아진다.
   – 나랑 안 맞는 친구는 선생님께서 배려해 주셔서 자리를 떨어뜨려 주신다.

5 교실에서 자리를 바꿀 때 선생님께서 자리를 지정해 주는 것이 좋습니다. 선생님께서 자리를 정해 주실 때는 여러 아이의 성향에 알맞게 자리를 정해 줍니다. 시끄러운 아이들은 서로 자리를 떼어

놓기 때문에 수업 분위기까지 좋아집니다. 그리고 나랑 맞지 않는 친구와 자리를 떼어 주셔서 편안한 학교생활을 할 수 있습니다.

직접 써 보기 2

1 매주 한 편씩 집에서 독서 감상문을 씁니다.

2 독서 감상문을 쓰면 책의 내용을 더 잘 이해할 수 있습니다.
독서 감상문을 쓰면 쓸수록 글쓰기 실력이 느는 것 같습니다.

3 • **주장**: 책을 읽고 독서 감상문을 매주 한 편 정도 쓰는 것이 좋다.
• **이유**: – 독서 감상문을 쓰면 책의 내용을 더 잘 이해할 수 있다.
– 독서 감상문을 쓰면 글쓰기 실력이 향상된다.
– 독서 감상문은 일기처럼 내 일생에 평생 남는 소중한 자산이다.

5 책을 읽고 독서 감상문을 매주 한 편 정도 쓸 수 있도록 권장해야 합니다. 책을 읽고 독서 감상문을 쓰면 책의 내용을 더 잘 이해할 수 있습니다. 그리고 독서 감상문은 쓰기는 지겹지만 쓰고 나면 글쓰기 실력이 조금씩이지만 분명히 향상됩니다. 마지막으로 독서 감상문은 일기처럼 내 일생에 남는 소중한 자산입니다. 그런 독서 감상문을 쓰면서 내가 읽은 책에 대한 좋은 기억을 평생 남길 수 있을 것입니다. 그러므로 독서 감상문을 매주 한 편씩이라도 쓰라고 학교에서 적극 권장해야 할 것입니다.

7단원 여러 가지 글 익히기

01 브레인스토밍 pp. 138~139

연습하기

1 ㉡

2 • **종류**: 콜라, 사이다, 주스, 아이스티, 커피, 물, 식혜, 수정과, 우유
• **생각이나 느낌**: 달다, 맛있다, 달콤하다, 덥다, 시원하다, 소풍 가서 먹을 때 최고
• **관련한 경험**: 체육 시간, 축구, 여름, 오줌, 화장실

3 춥다, 눈, 장갑, 눈사람, 얼음, 잠바, 귀마개, 파카, 목도리, 코트, 얼다, 미끄럽다, 동지, 팥죽, 떡국, 신난다, 눈싸움, 썰매, 스케이트, 스키, 스노우보드, 얼어 죽겠다, 따뜻하다, 시원하다

4 ▶ 어떤 기준으로 하느냐에 따라 다른 묶음을 만들 수 있어요.
1) 생각이나 느낌: 춥다, 미끄럽다, 신난다, 얼어 죽겠다, 따뜻하다, 시원하다
2) 옷: 장갑, 잠바, 귀마개, 파카, 목도리, 코트
3) 운동: 눈싸움, 썰매, 스케이트, 스키, 스노보드
4) 음식: 팥죽, 떡국
5) 눈: 눈, 눈사람, 눈싸움

5

운동	눈싸움, 썰매, 스케이트, 스키, 스노보드
생각이나 느낌	춥다, 미끄럽다, 신난다
옷	장갑, 잠바, 귀마개, 파카, 목도리, 코트

02 그림 그리기
pp. 140~141

연습하기

1 ▶ 이 문제에 정답은 없어요. 자신이 관련 있다고 생각하는 낱말에 O표를 해 주세요.

2 ❶ 백설 공주가 계모의 속임수에 걸리는 장면
❷ 독사과 ❸ 얼른 일어나길 바랄게[마녀를 조심해]

3 젤리를 먹고 체한 일, 속이 답답함, 체해서 토함, 조퇴, 힘듦, 엄마와 병원에 감, 약을 먹고 집에서 쉼, 엄마의 간호, 죽을 먹음, 힘들었음, 괴로웠음

4 ▶ 속이 안 좋아서 배를 움켜쥐고 있는 모습을 그려 보세요.
나는 오늘 젤리를 먹고 체했다. 속이 너무 답답해서 토하기까지 했다. 너무 답답하고 힘든 하루였다.

03 마인드맵 그리기
pp. 142~143

연습하기

1
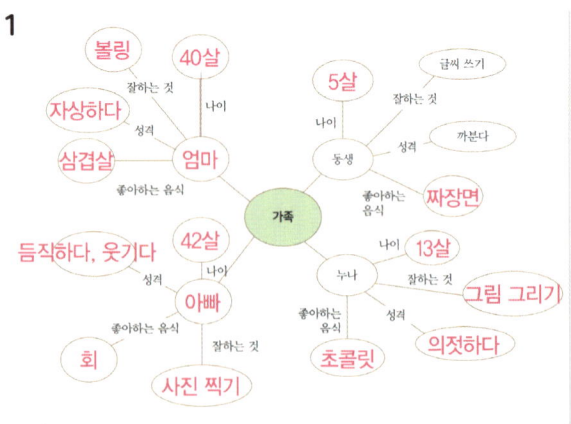

2 보온병
액체 온도를 일정하게 유지시켜 줌, 텀블러, 스테인리스, 알루미늄, 뜨거운 물, 커피, 차, 300~500ml, 600~700ml, 1000ml 이상, 티타늄, 유리, 따뜻하다, 유지하다, 좋다, 향긋하다, 깨끗하다, 플라스틱

3 ▶ **정답 지도 시 주의할 점** 본문에 따로 마인드맵을 그리는 공간이 있지는 않지만 아이가 마인드맵으로 생각을 잘 정리했는지 살펴봐 주세요. 아래 마인드맵을 참고해 주세요.

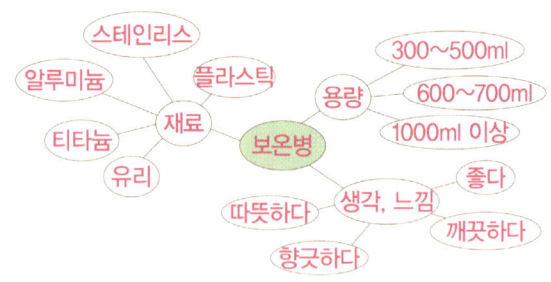

보온병은 액체 온도를 일정하게 유지시켜 주는 병을 뜻합니다. 보온병의 재료는 플라스틱, 알루미늄, 스테인리스, 유리, 티타늄까지 다양합니다. 보온병의 용량도 300~500ml, 600~700ml, 1000ml 이상으로 여러 가지가 있습니다. 보온병은 겨울에 따뜻한 음료를 행복하게 마실 수 있게 만들어 줍니다.

04 독서 감상문(인물 마음 생각하기)
pp. 144~147

연습하기

1 ❶ ㉡ ❷ ㉠

2 ▶ 글을 읽고 떠오르는 표정을 자유롭게 그려 보세요. 선생님은 자상하게 미소 짓는 얼굴일 수 있고, 충재는 열심히 하겠다는 의지를 나타내는 굳건한 표정일 수 있어요.

3 ❶ 당황한, 속상한, 얄미운, 창피한
❷ 짜증 난, 쌀쌀한, 불만스러운, 화가 난

4 "지원아, 충재에게 사과하고 충재의 마음을 위로해 주렴."
["지원아, 그렇게 하면 충재의 마음이 너무 속상하고 창피할 것 같아."]

> **직접 써 보기**

1 흥부전
  - 흥부, 착함, 미련함, 예의가 바름, 웃는 얼굴, 놀부에게 쌀을 꾸러 감, 제비 다리를 고침
  - 놀부, 나쁨, 약삭빠름, 자기만 생각함, 흥부에게 쌀을 빌려주지 않음, 제비 다리를 일부러 부러뜨림

2

3 놀부
  → 놀부는 자기만 알고 약삭빠르게만 행동하는 것이 아니라 남에게 베풀고, 남을 도우며 살아야 합니다.

4 오랜만에 도서관에서 〈흥부전〉을 빌려 다시 읽게 되었다. 이 이야기에서 놀부는 온갖 못된 짓을 한다. 놀부는 쌀을 꾸러 온 흥부를 오히려 주걱으로 때리고 제비의 다리를 일부러 부러뜨리기도 한다. 이러한 못된 짓 때문에 놀부는 벌을 받는다. 놀부는 자기만 알고 약삭빠르게만 행동하는 것이 아니라 남에게 베풀고, 남을 도우며 살아야 할 것이다.

05 독서 감상문(줄거리) ········· pp. 148~151

> **연습하기**

1 ① 봄, 가을 ② 아침, 저녁 ③ 밤 ④ 어제, 내일 ⑤ 오전 ⑥ 과거, 미래

2 ㉤ → ㉢ → ㉠ → ㉣ → ㉡

4 해의 위치, 시간
  ▶ 이 글은 '1시쯤, 아침, 집으로 돌아가기 전, 처음에'와 같은 '시간을 나타내는 말'과 '해가 중천에 떠 있어서'라는 '해의 위치'로 일이 일어난 차례를 알 수 있어요.

5 ㉡ → ㉣ → ㉠ → ㉢

6 우리 가족은 아침 일찍 동물원에 나들이를 나왔다. 동물원 입구에서 홍학을 보고, 동양관에 가서 뱀을 보았다. 점심에는 나무 그늘 아래에서 맛있는 김밥을 먹었다. 마지막으로 돌고래 쇼도 보고 집에 돌아왔다. 참 멋진 하루였다.

> **직접 써 보기**

1 신발 신은 강아지
  - 처음: 신발 신은 강아지를 만남, 강아지를 키우고 싶은 미니, 강아지가 귀여움
  - 가운데: 산책을 데려가는 미니, 우쭐대는 미니, 강아지를 잃어버림, 유기견 보호소에서 겨우 찾음
  - 끝: 강아지를 잃은 슬픔을 앎, 강아지를 주인에게 찾아 줌, 새로운 강아지를 만남

2 미니는 도로에서 주인을 잃은 '신발을 신은 강아지'를 만난다. 미니는 자기가 강아지를 키우고 싶어서 엄마의 말을 무시하고 강아지와 산책을 나간다. 하지만 미니는 공원에서 강아지를 잃어버리고, 유기견 보호소에서 강아지를 다시 찾는다. 강아지를 잃은 슬픔을 안 미니는 강아지의 원래 주인을 찾아 강아지를 돌려 준다.

3 2학년 교과서에 실린 〈신발 신은 강아지〉를 읽게 되었다. 미니는 도로에서 주인을 잃은 '신발 신은 강아지'를 만난다. 강아지를 키우고 싶은 미니는 엄마의 말도 무시하고 강아지와 산책을 나간다. 하지만 미니는 산책을 하다가 강아지를 잃어버려서 크게 당황한다. 유기견 보호소에서 강아지를 다시 찾은 미니는 강아지를 잃는 슬픔을 깨닫는다. 미니는 강아지를 원래 주인에게 돌려주고, 새로운 강아지를 만난다. 미니가 강아지를 키우고 싶어 하는 마음이 나는 너무 공감됐다. 그리고 내가 강아지를 키우게 된다면 강아지를 잃어버리지 않도록 최선을 다해 보살펴야겠다고 생각했다.

06 곱셈 구구로 된 문제 만들기 pp. 152~155

연습하기

1 3×3=9

2 ❶ 2, 4, 모두 ❷ 5, 6, 몇 개

3 ❶ ㉡ ❷ ㉠

4 ❶ → 8×5=40 ❷ 8+8+8=24 → 8×3=24

직접 써 보기

1 ❶ 2개씩, 5마리, 까마귀의 다리는
   ❷ 4개씩, 6개의, 의자는
   ❸ 사탕 한 봉지에 사탕이 8개씩 들어 있습니다. 사탕이 8봉지 있습니다. 그렇다면 사탕은 모두 몇 개가 들어 있을까요?

2 4×3=12

3
```
8+4=12        4+4+4=12
   덧셈1    덧셈2
       4X3=12
   구구단   같은 식
4×1=4
4×2=8   4×3=12    3X4=12와
4×4=16  4×5=20    같다.
4×6=24  4×7=28
4×8=32  4×9=36
```

4 자동차 한 대에 탈 수 있는 사람은 4명입니다. 자동차가 총 3대 있다면 차에 탈 수 있는 사람은 모두 몇 명일까요?

07 세계 여러 나라 특징 소개하기 pp. 156~159

연습하기

1 • **아시아**: 한국, 일본, 중국, 말레이시아, 태국, 베트남
   • **아메리카**: 미국, 캐나다, 멕시코, 브라질, 아르헨티나
   • **유럽**: 체코, 오스트리아, 슬로바키아, 폴란드, 스위스
   • **아프리카**: 남아프리카 공화국, 모로코, 알제리, 이집트, 나이지리아

2 ㉢

3 ㉠, ㉡, ㉢, ㉣

4 인도는 난이나 카레 같은 음식이 유명합니다. 인사말은 '나마스테'로 힌디어를 많이 쓰지만 그 외에도 다양한 언어를 사용하는 국가입니다. 인도에는 타지마할처럼 유명한 문화유산이 많이 있습니다.

직접 써 보기

1 프랑스
   예술의 도시 파리, 에펠탑, 루브르 박물관, 개선문, 나폴레옹, 음바페, 자유, 혁명, 라타투이, 푸아그라, 밀푀유

2 ▶ 에펠탑 등 소개하고 싶은 것의 그림을 그릴 수 있어요.

3 프랑스는 유럽에 속한 나라로 예술의 도시 파리가 수도입니다. 프랑스에는 다양한 문화유산이 있습니다. 에펠탑, 루브르 박물관, 개선문 등 우리가 이미 알고 있는 많은 유적지가 있습니다. 맛있는 음식도 많은데 영화로 유명해진 라타투이를 비롯해 푸아그라, 밀푀유 등이 있습니다.

4 일본

5

6 일본은 한국 옆에 있는 섬나라로 도쿄, 오사카, 교토, 나라 등의 도시가 있습니다. 대표 음식으로는 초밥, 타코야키, 오코노미야키 등을 꼽을 수 있고, 전통 옷으로 기모노를 입습니다. 일본은 한국과 비슷한 사계절을 가진 나라입니다.

memo

memo